TERAPIA COGNITIVO-COMPORTAMENTAL

TEORIA E PRÁTICA

COLEÇÃO PSICOTERAPIAS
COGNITIVO-COMPORTAMENTAIS

VOLUME **2**

TERAPIA COGNITIVO-COMPORTAMENTAL

TEORIA E PRÁTICA

Eliane Mary de Oliveira Falcone
Margareth da Silva Oliveira
(Organizadoras)

Casa do Psicólogo®

1ª Edição	*2012*
Diretor Geral	*Ingo Bernd Güntert*
Publisher	*Marcio Coelho*
Coordenadora Editorial	*Luciana Vaz Cameira*
Produção Editorial	*ERJ Composição Editorial*
Produção Gráfica	*Carla Vogel*
Capa	*Ana Karina Rodrigues Caetano*

Dados Internacionais de Catalogação na Publicação (CIP)
Angélica Ilacqua CRB-8/7057

Terapia cognitivo-comportamental : teoria e prática / Eliane Mary de Oliveira Falcone, Margarethda Silva Oliveira (organizadoras) -- São Paulo : Casa do Psicólogo, 2012. (Coleção Psicoterapia Cognitivo-Comportamentais, v. 2)

ISBN 978-85-8040-136-3

1. Psicoterapia 2. Terapia cognitivo-comportamental I. Falcone, Eliane Mary de Oliveira II. Oliveira, Margarethda Silva

12-0200 CDD 616.89142

1. Psicologia - Terapia cognitivo-comportamental

Impresso no Brasil
Printed in Brazil

As opiniões expressas neste livro, bem como seu conteúdo, são de responsabilidade de seus autores, não necessariamente correspondendo ao ponto de vista da editora.

Casapsi Livraria e Editora Ltda.
Rua Simão Álvares, 1020
Pinheiros • CEP 05417-020
São Paulo/SP — Brasil
Tel. Fax: (11) 3034-3600
www.casadopsicologo.com.br

Apresentação

A organização da coleção "Terapias Cognitivo-Comportamentais" tem como objetivo fornecer ao leitor subsídios teóricos e práticos sobre os principais temas em psicoterapias cognitivas e comportamentais, assim como uma atualização sobre a efetividade e eficácia dos tratamentos que empregam essa abordagem de tratamento.

Além de informar e fornecer o conhecimento do "estado da arte" sobre os tratamentos da Terapia Cognitivo-Comportamental (TCC) pretende mostrar como esse tratamento é realizado no Brasil. Estudos empíricos internacionais e nacionais farão parte do escopo dessa obra para dar ao leitor a profundidade do conhecimento que todos os profissionais iniciantes e experientes procuram quando buscam literatura para o enriquecimento dos seus conhecimentos.

Este volume aborda a teoria e a terapia cognitivo-comportamental da depressão. Considerada como um dos principais problemas de saúde pública, a depressão atingirá, dentro dos próximos vinte anos, o segundo lugar dentre os problemas de saúde, perdendo apenas para a doença isquêmica do coração (Scher, Segal & Ingram, 2010). As demandas dos sistemas de saúde em todo o mundo pelas intervenções baseadas em evidência têm apontado a TCC como o tratamento psicológico mais adequado para a depressão, assim como outros problemas clínicos (Dobson & Dobson, 2010).

O primeiro capítulo apresenta uma revisão teórico-empírica da depressão e de seus fatores de vulnerabilidade. O tratamento cognitivo-comportamental da depressão é abordado no segundo capítulo, onde um caso clínico é apresentado. O terceiro capítulo aborda a TCC combinada com medicação no tratamento da depressão. Esperamos que esse volume possa contribuir para a compreensão de como a depressão pode ser tratada dentro do enfoque cognitivo-comportamental.

As organizadoras.

Referências

DOBSON, D., Dobson, K. S. (2010). A terapia cognitivo-comportamental baseada em evidências. Porto Alegre: Artmed.

SCHER, C. D.; Segal, Z. V., & Ingram, R. E. (2010). A teoria da depressão de Beck: origem, *status* empírico e direcionamentos futuros para a vulnerabilidade cognitiva. In R. L. Leahy (Org.). *Terapia cognitiva contemporânea. Teoria, pesquisa e prática* (pp. 39-67). Porto Alegre: Artmed.

Prefácio

Mais uma relevante obra surge e vem nos brindar com um panorama bastante atual na área das terapias cognitivo-comportamentais. O volume sobre Transtornos de Humor da coleção intitulada TERAPIA COGNITIVO-COMPORTAMENTAL: TEORIA E PRÁTICA, organizado por Eliane Mary de Oliveira Falcone e Margareth da Silva Oliveira, é um trabalho bastante original, que proporciona a oportunidade de aprofundamento teórico e prático no campo. Os Transtornos do Humor se constituem em uma das queixas mais frequentes dentre aqueles que buscam a terapia cognitivo-comportamental, tanto pela alta prevalência do transtorno, como também pelos resultados obtidos no tratamento, os quais vêm se confirmando cada vez mais por meio de pesquisas baseadas em evidências. Logo, é de suma importância a constante atualização dos terapeutas sobre novas formas de compreensão e de intervenção desse transtorno. Esse livro, ao longo dos seus três capítulos, vem, justamente, em sua originalidade, revelar o "estado da arte" no que se refere a conhecimentos teóricos e clínicos e deve fazer parte das leituras daqueles que buscam dominar o tema e intervir de maneira eficaz.

Muitas vezes nos deparamos em nossa prática clínica com pacientes com queixa de depressão associando-a a um acontecimento da vida, outros não conseguem associar o episódio depressivo a qualquer fato, mas revelam aspectos cognitivos, comportamentais e características de personalidade que parecem se constituir nos principais fatores envolvidos na depressão. Tais aspectos personológicos, cognitivos e comportamentais podem levar o indivíduo a enfrentar os acontecimentos da vida como potentes estressores o que pode favorecer o desenvolvimento da depressão. O primeiro capítulo deste livro trata, justamente, de aspectos de vulnerabilidade que explicariam, em parte, como e porque algumas pessoas desenvolvem a depressão. A compreensão dessas vulnerabilidades é fundamental para que o clínico possa elaborar uma efetiva conceituação do caso e, assim, o plano de intervenção cognitivo-comportamental apropriado, sem deixar de considerar fatores biológicos. O capítulo apresenta uma gama de pesquisas que evidenciam a multicausalidade da depressão, incluindo *déficits* de habilidades sociais como possível causa e consequencia, e alerta os clínicos quanto à importância desses fatores para a compreensão de cada caso.

No segundo capítulo, o livro apresenta a terapia cognitiva da depressão, iniciando com a definição das diversas categorias dos transtornos de humor e aprofundando na depressão maior. Enfatiza a terapia cognitiva de Beck para a depressão e os conceitos básicos da mesma, lembrando da importância da tríade cognitiva, dos esquemas e das distorções cognitivas dentro dessa visão. Apresenta aspectos específicos sobre a avaliação por meio de instrumentos que facilitam o diagnóstico, ressaltando a utilidade dos inventários de Beck. Ao apresentar o tratamento da depressão, vai além da explanação do trabalho desenvolvido por Beck. Oferece a possibilidade de compreensão das intervenções por meio da ilustração com um caso clinico. Com a inclusão do diagrama de conceituação cognitiva do caso apresentado, favorece a compreensão do transtorno e demonstra a atuação do clínico por meio de uma forma prática.

Observa-se que alguns terapeutas têm dúvidas sobre a melhor forma de tratar o paciente com depressão, no que se refere à inclusão do psiquiatra e da prescrição de medicação antidepressiva. Conhecer os limites de cada forma de intervenção é útil para que a conduta traga os melhores benefícios para o paciente. O terceiro capítulo traz esse aspecto que tem sido ainda pouco explorado em outras obras: o tratamento combinado da depressão por meio da psicofarmacologia e da psicoterapia. Sem ser tendencioso, o capítulo apresenta aspectos favoráveis e desfavoráveis de ambas as intervenções, mostrando que os psicofármacos possuem efeitos psicológicos e que as psicoterapias possuem efeitos neurobiológicos. Esclarece sobre os benefícios da combinação do tratamento medicamentoso com psicoterapia, especialmente, em depressões severas, recorrentes e crônicas. Traz aspectos bastante interessantes sobre as relações do psicólogo com o psiquiatra e o paciente que podem muito ajudar os clínicos, particularmente os iniciantes.

Considerando a importância dos Transtornos de Humor decorrente da alta prevalência e dos prejuízos pessoais na qualidade de vida de quem sofre, assim como das graves repercussões sociais, esta obra é extremamente oportuna. Em seus três capítulos consegue abarcar importantes aspectos do transtorno, quanto à sua compreensão e tratamento. Reforça conhecimentos por meio de apresentação de pesquisas baseadas em evidências e, de forma original, acrescenta novas questões bastante relevantes para a atualização e aprimoramento dos interessados nas terapias cognitivo-comportamentais.

Lucia Emmanoel Novaes Malagris
Professora Adjunta do Instituto de Psicologia da Universidade Federal do Rio de Janeiro

Sumário

CAPÍTULO 1

Depressão: etiologia e fatores de vulnerabilidade

Conceição Santos Fernandes

Existem diversos fatores de vulnerabilidade que podem atuar no desencadeamento e manutenção de sintomas depressivos. Por vulnerabilidade entende-se a pouca "capacidade de suportar experiências estressantes" (Öhman, Esteves, & Parra, 1995, p.178). Dessa forma, um indivíduo que passa por alguma situação geradora de estresse e tem alguma vulnerabilidade prévia, apresenta uma sensibilidade maior para alguns eventos, o que pode desencadear futuramente transtornos psiquiátricos.

Dentre esses fatores de vulnerabilidade para a depressão, podem-se destacar: a) fatores contingenciais como problemas e acontecimentos da vida; b) predisposição biológica; c) fatores de predisposição cognitivos, de personalidade (estados subjetivos de desamparo e desesperança) e comportamentais, adquiridos ou familiarmente transmitidos; d) *déficit* em habilidades de interação pessoal. Estes fatores serão apresentados a seguir, com suas principais contribuições para a etiologia e para a construção de vulnerabilidades para um episódio depressivo.

Fatores contingenciais - acontecimentos da vida

Além destes aspectos, a experiência do indivíduo também exerce um papel importante na construção de um padrão vulnerável aos episódios de depressão. Estudos destacam a relevância de acontecimentos da vida dentre os fatores precipitantes. Em uma revisão sobre o tema, Gouveia (1990) aponta os marcadores relacionados às experiências de vida (os tipos de acontecimentos) que poderiam ocorrer no início de episódios depressivos ou ainda durante um episódio, servindo assim como mantenedores da depressão. Dentre estes marcadores encontram-se: 1)dificuldades gerais da vida, como: pobreza extrema, problemas familiares; 2) acontecimentos indutores de estresse como: lutos, falências financeiras e relacionamentos amorosos; e 3) episódios depressivos anteriores. O que se observa é que, apesar de haver diferentes tipos de estudos e dificuldades metodológicas, o paradigma “acontecimentos da vida”, parece ser constituído por fatores indutores de estresse, os quais se mantêm constantes. Sendo assim, pode-se pensar em uma predisposição até mesmo por padrões de personalidade do deprimido em se envolver em situações de risco e/ou interpretar de maneira negativa as circunstâncias em que se envolve, vendo-as como uma “sorte ruim”, a qual eles merecem. E com isso haverá uma constância de situações estressantes “agudas” e pode haver ainda uma insatisfação constante em relação ao passado.

Thase e Lang (2005) também destacam os acontecimentos circunstancias na constituição dos sintomas depressivos. Eles definem os seguintes: trauma grave (atentado, guerra), abusos físicos e emocionais e perda de pessoas próximas como pais, irmãos, filhos, companheiros e amigos. Além desses, os autores fazem referência a acontecimentos que podem ocorrer na infância e não apenas antes da eclosão de um episódio depressivo. Dentre estes se observam o testemunho de violência, perda dos pais, rejeição e negligência. Corroborando com isso o paradigma de acontecimentos da vida lançado por Gouveia (1990).

Estes autores trazem a discussão sobre os fatores que podem, em alguns casos, estar bem próximo temporalmente dos episódios depressivos, como no caso de uma aposentadoria; ou mesmo serem vistos como causa inicial, nos casos de problemas familiares complexos. Entretanto, atualmente, os estudos apontam para diversos outros constituintes que parecem ser mais basais para a depressão, como serão vistos a seguir.

Fatores Biológicos

Quanto ao fator biológico, Beck (2008) destaca o papel da hipersensibilidade da amígdala e de variações genéticas na depressão. O autor associa a vulnerabilidade genética com a ativação de erros cognitivos, com eventos estressores diários e desequilíbrio de neurotransmissores receptores.

Estudos mais recentes também apontam para atuação da amígdala e do alelo curto da serotonina (5-HTTLPR). Dentre eles, encontram-se os achados de Gillihan et al. (2011), que investigaram como o genótipo 5-HTTLPR modula a relação entre depressão e atividade da amigdala, em população não clínica. Foram feitas associações entre os sintomas depressivos e atividade da amígdala entre indivíduos gêmeos homozigotos para o alelo curto e para o alelo longo. Ambas as análises revelaram uma associação negativa e significativa entre o grupo de alelo longo e uma tendência de associação positiva entre o grupo alelo curto. Ou seja, a partir desses estudos neurobiológicos, os autores sugerem que em todos os sintomas obeservados na depressão, há uma base biológica, onde o mau funcionamento da amigdala, ou seja, maior hiperatividade dos neurônios nessa região, constitui um mecanismo fundamental e subsidiador dos episódios depressivos.

Thase e Lang (2005) também consideram que alterações bioquímicas nos hormônios como a cortisona e neurotransmissores como serotonina, acetilcolina e noradrenalina. Também mencionam as fisiológicas, onde há déficits atividade cerebral. No caso de deprimidos, observam-se alterações como hipofunção de regiões frontais - isto é, quando uma quantidade de neurônios pulsam menos que o esperado e, por sua vez, geram menor metabolismo de glicose- associadas aos sentimentos e ao estresse.

Caruncho e Rivera-Baltanás (2010) também realizaram um estudo de revisão sobre os marcadores bioquímicos, genéticos e moleculares na depressão. Os dados mais relevantes dizem respeito a já conhecida diminuição do transportador de serotonina nas plaquetas e linfócitos.

Os estudos neurobiológicos apontam para marcadores importantes, que ainda não são conclusivos e nem desicivos no desencadear da depressão, mas que podem constituir a base para outros aspectos envolvidos na etiologia desta psicopatologia.

Fatores Comportamentais e Cognitivos

Pensando agora em um contexto psicológico, também são considerados como aspectos de vulnerabilidade os padrões comportamentais, tanto no que tange a predisposição, quanto a manutenção de sintomas depressivos. Fester (1973), por exemplo, define a depressão como baixa frequência de emissão de comportamentos operantes que resultam da desorganização dos reforços positivos dos indivíduos. Assim, menos reforço positivo sobre um comportamento origina um padrão de comportamentos operantes que originam menos reforços positivos, até que a taxa de reforço positivo se reduza significativamente e resulte em depressão. Um exemplo disto se vê quando uma pessoa não sorri e/ou cumprimenta por timidez, quando chega em um ambiente social pela primeira vez (comportamento). Como consequência as pessoas se distanciam (falta de reforço). Conforme esse distanciamento (falta de reforço positivo) é percebido, menos os comportamentos sociais como sorrisos e cumprimentos são manifestos, gerando menos reforços dos outros e constituindo um ciclo. Por fim, esta pessoa pode se achar indigna ou incapaz de estabelecer contatos sociais e isolar-se socialmente a ponto de se deprimir. Lewinsohn (1974), assim como Fester também ressalta a importância da qualidade do reforço obtido como fator desencadeante da depressão. E como no exemplo dado acima, ele acrescenta a este modelo comportamental o papel das relações interpessoais.

Youngren e Lewinsohn (1980) também trouxeram resultados de estudos onde se identifica, entre sujeitos deprimidos, baixo nível de reforçamento obtido em atividades e nas interações, assim como em dar e receber respostas interpessoais positivas, como por exemplo, dar e receber elogios e desconforto em ser assertivo, que se refere a capacidade de se colocar emocionalmente, entender os próprios direitos e defender suas opiniões. A contribuição maior deste estudo é que traz, além dos componentes comportamentais, o papel de pensamentos negativos referentes às interações, voltando-se para as cognições.

Este último componente citado por Youngren e Lewinsohn está relacionado à forma como o indivíduo interage com o mundo, chamada aqui de vulnerabilidade cognitiva. Um dos autores que aprofundam essa questão é A. Beck. O autor apresenta um modelo terapêutico, onde a depressão é resultante da ativação de esquemas depressogênicos por acontecimentos negativos. Nesse modelo, o substrato psicológico se originaria de padrões cognitivos que modulam a visão do indivíduo sobre si mesmo, o mundo e o futuro, o que se conhece por 'tríade cognitiva' (Beck et al., 1997).

Scher et al. (2004), também compartilham da visão de que a cognição constitui um desencadeador da depressão. Assim, as pessoas teriam uma visão de mundo, de acordo com crenças ou esquemas. Os esquemas ou crenças correspondem, segundo esses autores, a teorias que permeiam a entrada de informações, alterando funções cognitivas como memória e atenção seletiva. Elas são formuladas prioritariamente durante a infância, mas podem ser formadas e reforçadas no decorrer da vida e necessariamente precisam ser ativadas por alguma situação, ou os "acontecimentos da vida" discutidos anteriormente. A partir dessa ativação, o sujeito busca e armazena informações de cunho negativo, de acordo com seu esquema. Com a ativação, pessoas vulneráveis apresentam cognições e processamento de informações disfuncionais.

Assim, pessoas com tendência (vulnerabilidade) para a depressão, costumam pensar de forma pessimista sobre os acontecimentos da vida, em especial os negativos, e a se responsabilizar excessivamente, ruminando esses pensamentos (Thase & Lang, 2005). As distorções dos deprimidos nos três componentes da tríade incluem fracasso pessoal, incapacidade, perda ou rejeição, inadequação, falta de atributos, minimização de experiências positivas, dificuldades para as interações e ambientes, antecipações de fracasso e de sofrimento. Ativados, esses pensamentos negativos irão originar erros no processamento da informação. Dentre as crenças presentes em pessoas deprimidas, incluem-se, ainda, as de serem inadequados, indesejados, incapazes e sem valor, sendo estas atribuídas as suas experiências ruins. Além disso, eles possuem crenças de que o mundo é muito difícil, com obstáculos que eles não conseguem ultrapassar e, em consequência, desenvolvem uma desesperança quanto ao futuro (terceiro componente da tríade) com consequente sofrimento e dificuldades. Essa visão negativista gera e mantém o humor depressivo, o que por sua vez torna as percepções cada vez mais distorcidas, culminando em um círculo vicioso (Beck et al., 1997).

Dentro deste contexto, observam-se, ainda, os esquemas desadaptativos propostos por Young (2003), que seriam estruturas cognitivas, emocionais e comportamentais estáveis associados a psicopatologias. O autor faz uma divisão em 5 domínios (Desconexão e rejeição; Autonomia e desempenho prejudicados; Limites prejudicados; Orientação para o outro; e Supervigilância e Inibição. Um estudo realizado por Thim (2010) apresenta dados de predição dos sintomas depressivos pelos esquemas iniciais desadaptativos, em uma amostra de 147 pacientes psiquiátricos. Neste estudo foram utilizados os instrumentos que avaliam constituição de esquemas (Questionário de esquemas forma curta), sintomas depressivos (Inventário Beck de depressão) e domínios de personalidade (NEO PI-R). O autor constata a relevância dos esquemas cognitivos desadaptativos para predição da depressão, se sobrepondo, inclusive, aos domínios de personalidade. Por fim, ele discute como estes esquemas são fundamentais para conceitos sobre si mesmos e sobre os outros, aspectos psicológicos e cognitivos centrais na depressão, como já ressaltado.

Ainda no âmbito das vulnerabilidades cognitivas, encontram-se as características de temperamento e personalidade do indivíduo que se deprime. Dentre elas observa-se, o negativismo, sentimentos de autodepreciação, perfeccionismo, culpa e ruminação. Garber (2006), por exemplo, faz um levantamento de fatores de temperamento e personalidade. Segundo o autor, a depressão estaria relacionada com altos níveis dessa afetividade negativa. Por sua vez, esta afetividade negativa levaria a maior sensibilidade aos estímulos negativos do ambiente. Por outro lado, Arón e Milic (1994), mostram que a afetividade positiva está associada a envolvimento, maior sensibilidade a recompensas, energia, busca por novidades, aproximação e sociabilidade.

O perfeccionismo, além da afetividade negativa também parece ser outro traço relevante na constituição de cognições irreais sobre o ambiente. Flett, Hewit e De Rosa (1996) mostram como o perfeccionismo contribui para ansiedade social, a partir da associação com nível elevado de timidez, solidão e medo de avaliação negativa e baixos níveis de autoestima. Os autores sugeriram que pessoas com traços de perfeccionismo social geram expectativas irreais sobre os outros e por isso se isolam.

Verstraeten, Bijttebier, Vasey, e Raes (2011) mostraram uma relação entre a característica da ruminação e a preocupação, associados com a afetividade negativa do deprimido, com sintomas depressivos e ansiosos em 138 crianças com idades entre 9 e 13 anos. Os autores também destacaram *déficits* em controle inibitório (capacidade de inibir comportamentos automáticos), autorregulação do comportamento associados unicamente com sintomas depressivos. Estes últimos dizem respeito à perspectiva neurobiológica. Calkins e Fox (2002) acreditam que o indivíduo é um sistema autorregulador, onde há vários níveis hierárquicos de interações das mais simples até as mais complexas. Os autores apontam a importância da expressão e autorregulação dos comportamentos e afetos como mediadores de relações interpessoais e ajustamento comportamental. Esses processos estão associados à maturação cognitiva, especialmente de áreas responsáveis pela inibição de comportamentos, direção de objetivos que se referem a áreas frontais e sistema atencional. O desenvolvimento adequado de regulação dos próprios comportamentos e emoções viria a constituir uma base para os demais processos descritos anteriormente.

Estudos sobre padrões de vulnerabilidade cognitiva também têm focalizado outros traços de personalidade relatados por Beck (1983). Um deles é o de *autonomia*, onde há uma busca maior por realização pessoal e independência, bem como valorização de conquistas, liberdade e escolhas do indivíduo. O outro é o de *sociotropia,* onde o investimento maior se dá nos relacionamentos interpessoais, o que é caracterizado por uma busca por suporte social e receio de que venham a acontecer perdas nesse sentido, além de uma necessidade elevada de ser amado e aceito por outros. Considerando a vulnerabilidade cognitiva em pessoas sociotrópicas ou autônomas ao extremo, a depressão seria precipitada por *acontecimentos da vida* ou eventos-chave e, a depender dos traços sociotrópicos e autônomos, as vulnerabilidades seriam diferenciadas. Indivíduos sociotrópicos apresentariam vulnerabilidade interpessoal, como perdas, abandonos e desaprovação, enquanto os autônomos refletiriam vulnerabilidades relacionadas a fracasso pessoal.

A sociotropia e a autonomia também estão relacionadas com a capacidade de interagir em um ambiente social. Pessoas sociotrópicas e/ou autônomas em excesso possuem autocrítica mais exagerada, além de dificuldades de relacionamento (Murphy & Bates, 1997). No caso de pessoas sociotrópicas, há uma busca elevada de apoio social e um medo exagerado de perda, o que já aponta para a possibilidade de dificuldades interpessoais. Por outro lado, pessoas autônomas costumam ser mais autocríticas e tendem a ser mais isoladas de um ambiente social pelo medo de serem magoadas ou rejeitadas, sugerindo também a possibilidade de dificuldades quanto aos relacionamentos interpessoais (Murphy & Bates, 1997).

Os estudos sobre vulnerabilidades cognitivas e comportamentais na etiologia da depressão apontam de uma maneira mais global, que uma pessoa que passa por acontecimentos da vida estressores tanto situacionais quanto de base familiar, terão interpretações mais negativas a respeito dessas situações do que pessoas que não possuem a mesma vulnerabilidade cognitiva. Sendo assim, alguns indivíduos estariam mais predispostos a se deprimir e a apresentar uma reatividade cognitiva para eventos estressores, assim como reações emocionais e cognitivas diárias observáveis (Beck, 2008). Quando isto acontece, este modo de funcionar se torna autônomo e nem mesmo eventos mais positivos o modificam (Beck, 2008).

Além disso, percebe-se que todos estes padrões de personalidade, pensamento e comportamentos em indivíduos deprimidos ou que apresentam maior tendência a desenvolver sintomatologia depressiva, apresentados ao longo deste capítulo sugerem e fundamentam a ideia de que componentes de interação social também constituem aspectos desencadeadores para depressão, visto que apresentam uma relação com os demais padrões de vulnerabilidade. A seguir serão descritos com detalhes estes fatores sociais.

Fatores sociais-habilidades sociais, suporte social e interação

Observa-se que muitos dos *déficits* sociais apresentados no episódio de depressão são decorrentes do processo da doença, pois o seu curso já favorece comportamentos interpessoais inadequados (verbalizações negativas, tom de voz baixo, pouco contato ocular e aparente desinteresse pelo interlocutor). Segundo Coyne (1976), pessoas com esse padrão deficitário, em função da depressão, realizariam autoavaliações pobres e distorcidas, provavelmente em razão de seus níveis de exigência muito elevados e perfeccionistas a respeito da conduta social efetiva. Devido a esses erros de processamento de informação, percebem seletivamente os aspectos negativos da situação social, o que pode levar a inibição social, isolamento, ansiedade, insegurança e baixa autoestima. A busca excessiva de reasseguramento (como solicitações de avaliações positivas dos outros, como elogios, dizer se o comportamento está adequado ou não) comportamento característico da depressão também pode motivar rejeição por parte dos outros, favorecendo um círculo vicioso envolvendo depressão, deficiências nas habilidades de boa convivência com as pessoas e rejeição. Pois as pessoas se sentem sobrecarregadas ao precisar sempre reasegurar o outro que está ao seu lado. Além disso, este comportamento pode ser inconveniente. Este mal-estar causado pelo reaseguramento pode gerar um afastamento do interlocutor. Assim, um suporte social que propicie experiências de aceitação e de afeto poderia interromper esse círculo (Coyne, 1976). Parece, então, que pessoas deprimidas não possuem recursos para obtenção de apoio social, condição necessária para a redução da depressão.

Entretanto, existem dificuldades interpessoais (pouca assertividade, dificuldades para iniciar e manter conversação, entre outros) que podem ser anteriores a depressão, constituindo um provável fator de vulnerabilidade para a ocorrência do transtorno. Lewinohn (1974) chama atenção para o fato do *déficit* de habilidades sociais ser anterior ao episódio depressivo, uma vez que um estilo social pouco reforçador pode levar essas pessoas a se afastarem, favorecendo, como consequência, o isolamento e a depressão.

Modelos teóricos que buscam a relação entre habilidades sociais e depressão têm sido encontrados na literatura. Segundo o modelo proposto por Lewinsohn (1974), os *déficits* de habilidades sociais seriam antecedentes à depressão. Dentro dessa perspectiva, o *déficit* geraria pouco reforçamento positivo dos outros, além de uma redução do suporte social, que produziria a depressão. Este modelo se adequa as vulnerabilidades comportamentais já expostas anteriormente neste capítulo (Fester 1973; Lewinsohn, 1974).

Em um segundo modelo, proposto por Coyne (1976), a depressão causaria o *déficit* de habilidades sociais, pois os sintomas produzidos pela depressão teriam implicações sobre um comportamento socialmente habilidoso, como, por exemplo: discurso lento, demora nas respostas, diminuição de contato dos olhos. Além de alterações nos aspectos cognitivos como atenção autofocada, entre outros, já mencionados anteriormente. O que viria a causar interações aversivas e ansiosas, visto que as pessoas se tornam inadequadas falando muito de si mesmas em conversas interpessoais, ou emitindo comportamentos tais como: olhar para o chão ou para o outro lado, estar sempre com uma expressão fechada, demorar a responder a uma pergunta. Pois tornam com isso a relação desagradável e reduzem o suporte social das redes sociais próximas (parentes, amigos, colegas de trabalho) reforçando o isolamento e a depressão.

Os modelos de Lewinsohn e Coyne foram comparados, em estudo posterior, em uma amostra de estudantes universitários (Cole & Milstead, 1989). Este estudo revelou que a depressão afeta negativamente as habilidades sociais e estas, por sua vez, afetam negativamente o apoio social, o que poderia ter algum efeito negativo na depressão. Assim, as deficiências em habilidades sociais poderiam constituir um fator de vulnerabilidade para a depressão, sem, contudo, apresentar relação causal.

Pesquisas mais recentes, também sugerem que as habilidades sociais constituem um fator de vulnerabilidade para a depressão (Segrin & Flora, 2000). Nesse caso, pessoas expostas a uma situação estressante ficariam mais vulneráveis aos problemas sociais por não possuírem os recursos para lidar com os mesmos.

Quais os *déficits* sociais mais encontrados na depressão é um outro fator complicador nestes estudos. Isto remete a metodologias diferenciadas, bem como aos arcabouços teóricos heterogêneos no que diz respeito ao constructo de habilidades sociais.

Fernandes (2011), avaliou as relações entre depressão e *déficits* em habilidades sociais, através do Inventário de habilidades sociais ([IHS]; Del Prette & cols., 1998), do Inventário de empatia ([I.E.]; Falcone

& cols., 2008) e do Inventário Beck de depressão ([IBD]; Beck & cols., 1961; Gorenstein & Andrade, 1998). Os resultados apontaram relação significativa entre as deficiências em habilidades sociais e a depressão, principalmente nos aspectos assertivos contemplados pelo IHS. Nesse caso, a partir da análise de Correlação de Pearson, encontrou-se correlações significativas e negativas entre todos os Fatores do Inventário de Habilidades Sociais (IHS) e os escores do Inventário de Depressão (BDI). Quanto ao Inventário de Empatia (I.E), houve relação significativa para o Fator *Tomada de perspectiva.* Em seguida foram observadas as diferenças entre os grupos de depressão quanto ao repertório de habilidades sociais, através da realização da análise ANOVA para todos os Fatores do IHS e I.E. As análises apontam para diferenças entre os grupos para todos os Fatores do IHS. Mais uma vez, para os Fatores do I.E. Resultados significativos ocorreram apenas para o Fator Tomada de Perspectiva.

Verificou-se neste estudo que existe relação mais consistente entre as habilidades sociais, medida pelo IHS e a depressão, medida pelo IBD. Os resultados deste trabalho foram concordantes com a literatura (Caballo, 2006), que recomenda treinamento social assertivo para deprimidos. Quanto à empatia, resultados significativos foram observados apenas para um dos aspectos da empatia, definido como tomada de perspectiva, que seria a capacidade de se colocar no lugar, fazendo inferências sobre seus sentimentos e pensamentos.

Outros estudos, porém, apontam para uma diminuição do comportamento empático nos episódios de depressão. Belimi, Baime e Shea, (2002) mostraram que variações de humor, em estudantes internos de medicina, alteram componentes da empatia medidos pela escala IRI- Índice de Reatividade Interpessoal (Davis, 1983). Além disso, alguns autores destacam que os deprimidos apresentam comportamentos sociais como: baixa atenção dada ao interlocutor; frequência excessiva de fala voltada para si mesmo e negativa (Tse & Bond, 2004), pouca iniciativa, menos reações positivas (Libet & Lewinsohn, 1973). Isto indicaria ausência de preocupação com o interlocutor.

Cordeiro, Claudino e Arriaga (2006), também avaliaram as relações entre interações sociais e depressão, a partir de um outro constructo: suporte social. Eles verificaram em uma amostra de adolescentes e jovens adultos (262 alunos em Portugal), uma correlação negativa e significativa entre suporte social e índices de depressão. Para isto eles utilizaram uma Escala de Satisfação com o Suporte Social e o Inventário de Depressão de Beck. Dentre os índices de suporte social encontra-se a satisfação com a amizade. Os indivíduos que apresentaram escores menores que 20 no Inventário de depressão de Beck (índice menor de depressão apresentam melhores índices nessa categoria de suporte social.

O suporte social também foi destacado por Carneiro et al. (2007) em um estudo avaliando a qualidade de vida e habilidades sociais em idosos. Ao fazer uma comparação entre grupos institucionalizados e não institucionalizados, engajados ou não em atividades sociais, encontrou-se diferenças significativas entre os grupos que estavam engajados em atividades sociais ou eram residentes em seus lares, mesmo sem estar em atividades sociais, e os idosos institucionalizados. Estes últimos apresentaram maior média de apoio social do que idosos institucionalizados. Além disso, foram observadas correlações diretas entre variáveis de habilidades sociais, discutidas acima e apoio social, além de uma correlação inversa de apoio social, habilidades sociais e depressão.

Quadro 1 - Habilidades sociais comprometidas na depressão

AUTORES	HABILIDADES SOCIAIS COMPROMETIDAS NA DEPRESSÃO
Oliveira (2010); Campos (2010); Fernandes, Falcone, e Sardinha (2008)	Auto-afirmação na expressão de afeto positivo
Oliveira (2010); Campos (2010); Caballo (1998)	Conversação e desenvoltura social

Continua

AUTORES	HABILIDADES SOCIAIS COMPROMETIDAS NA DEPRESSÃO
Campos (2010); Fernandes, Falcone e Sardinha (2008)	Autocontrole da agressividade
Fernandes, Falcone e Sardinha (2008)	Auto-exposição a pessoas desconhecidas
Campos (2010); Field, Diego, e Hernandez-Reif (2009); Caballo (1998); Belimi, Baime, e Shea (2002)	Empatia
Campos (2010); Caballo (1998); Fernandes, Falcone, e Sardinha (2008)	Defesa dos próprios direitos e interesses - enfrentamento com risco
Del Prette e Del Prette (2005)	Resolução de problemas interpessoais

Continua

AUTORES	HABILIDADES SOCIAIS COMPROMETIDAS NA DEPRESSÃO
Matson, Lott, Mayville, Swender, e Moscow (2006); Youngren e Lewinsohn (1980).	Comportamento verbal negativo (conteúdo)
Matson, Lott, Mayville, Swender, e Moscow (2006)	Comportamento social negativo
Carneiro, Falcone, Clark, Del Prette, e Del Prette (2007)	Escore global de habilidades sociais – IHS Del Prette
Hartley e Birgenheir (2009); Segrin, 2000; Coyne, 1976; Libet e Lewinsohn, 1973	Comportamentos não verbais inadequados (poucos movimentos corporais, sorrisos pouco frequentes, expressões faciais restritas, voz baixa, intervalo longo para emitir respostas; discurso lento, diminuição de contato ocular)

Os dados relatados e as contribuições teóricas dos conceitos de habilidades sociais e suporte social apontam cada vez mais para as relações entre os comportamentos sociais saudáveis e produtivos e a manifestação de episódios depressivos. Percebe-se que existe de fato um prejuízo em habilidades sociais no quadro de sintomatologia depressiva (Quadro 1), independente se são tidas como antecedentes ou pertencentes ao episódio. Entretanto, pode-se ir mais além e pensar na possibilidade de existir um padrão cognitivo e comportamental associado aos sintomas depressivos e aos prejuízos em habilidades sociais.

Conclusões

Ao pensar em etiologia para depressão, observam-se diversos fatores de vulnerabilidade que constituem a sintomatologia depressiva e o desenvolvimento de um episódio ou diagnóstico de depressão. Esta gama de fatores a serem abordados no entendimento da depressão se deve muito ao fato do ser humano ser demasiadamente complexo.

Sendo assim, todos os fatores de vulnerabilidade descritos anteriormente podem agir conjuntamente e provavelmente assim o fazem. Assim, parece que uma pessoa com fatores de vulnerabilidades biológicas (variações genéticas que interferem em sistemas neurobiológicos e hormonais), quando exposta aos fatores estressantes, como acontecimentos da vida, pode desenvolver depressão, a qual pode vir a estimular as vulnerabilidades cognitivas depressogênicas, levando a alterações comportamentais. Este complexo gera, por sua vez, a um ciclo crescente de isolamento e cognições depressivas.

Da mesma forma, é plausível que vulnerabilidades cognitivas e de personalidade internalizadas por padrões familiares, possam contribuir para o incremento de alterações comportamentais, bem como modificações na atividade cerebral, aumentando a gravidade e mantendo o ciclo da depressão.

Logo, talvez não seja possível determinar ao certo as relações causais entre essas vulnerabilidades, mas observa-se claramente a influência de cada uma delas na depressão e a existência de uma relação entre elas. Portanto, isto deve ser questionado e investigado, especialmente devido à considerável relevância que a depressão apresenta no âmbito da saúde.

Sendo assim, entender esses padrões de vulnerabilidade que podem vir a desencadear, manter e agravar episódios depressivos, são fundamentais para possíveis e futuro desenvolvimento de programas de intervenção e prevenção desta sintomatologia, através de: a) treinamentos em habilidades sociais, b) redução de situações de estresse na infância e adolescência, c) treinamento de pais visando impedir o desenvolvimento de cognições depressogênicas na infância a partir de modelos inadequados dos mesmos d) intervenções terapêuticas adequadas e de acordo com as necessidades apresentadas por indivíduos deprimidos, e) entre outras possibilidades.

Referências

BECK, A.T. (1983). Cognitive Therapy of depression. New Perspectives. Em P. J. Clayton & J.E. Barrett., *Treatment of depression. Old controversies and new approaches* (pp. 265-289). New York: Raven Press.

BECK, A.T. (2008). The evolution of the cognitive model of depression and its neurobiological correlates. *American Journal of Psychiatry*, 165, 969-977.

BECK, A. T., Rush, A. J., Shaw, B. F., & Emery, G. (1997). *Terapia Cognitiva da Depressão*. Porto Alegre: Artes Médicas.

BELLINI, L.M, Baime,M., & Shea, J.A. (2002) Variation of Mood and Empathy During Internship. *Jama*, 287, 3143-3146.

CABALLO, V. E. (1998). El entrenamiento en habilidades sociales como estrategia de intervención en los transtornos psicológicos. In: Gil, F., & Leon, J. (Orgs.) *Habilidades sociales. Teoría, investigación e intervención* (pp.95-111). Madrid: Editorial Síntesis.

CAMPOS, J. R. (2010). *Habilidades sociais de adolescentes com indicadores de depressão: considerando fatores de gênero e socioeconômicos.* (Dissertação de Mestrado- Pós Graduação em Psicologia) Universidade Federal de São Carlos-UFSCar.São Carlos, SP

CARNEIRO, R. S., Falcone, E., Clark, C., Del Prette, Z., & Del Prette, A. (2007). Qualidade de Vida, Apoio Social e Depressão em Idosos: Relação com Habilidades Sociais. *Psicologia: Reflexão e Crítica*, 20 (2), 229-237

CALKINS, S.D., & Fox, N.A. (2002) Self-regulatory processes in early personality development: A multilevel approach to the study of childhood social withdrawal and aggression. *Development and Psychopathology,* 14, 477–498.

COYNE, J.C. (1976) Toward an interaction description of depression. *Psychiatry*, 39, 14-27.

COLE, D. A., & Milstead, M.(1989) Behavioral correlates of depression: Antecedents or Consequences. *Journal of Couseling Psychology*, 36 (4), 408-416.

CORDEIRO, R., Claudino, J., & Arriaga, M.; (2006). Depressão e suporte social em adolescentes jovens e adultos. *Revista Iberoamericana de Educación*, 39(6), 1-9.

DAVIS, M. H. (1983). Measuring individual differences in empathy: Evidence for a multidimensional approach. *Journal of Personality and Social Psychology, 44,* 113-126.

DEL PRETTE, Z. A. P, & Del Prette, A. (2005) *Psicologia das Habilidades Sociais na Infância: teoria e prática*. Petrópolis, RJ: Vozes.

FERNANDES, C.S., Falcone, E., & Sardinha, A. (2008). *As deficiências em habilidades sociais e sua relação com depressão.* Resumo. XVII Encontro Brasileiro de Psicoterapia e Medicina Comportamental. Campinas-SP

FESTER, C.B. (1973). A functional analysis of depression. *American Psychologist,* 28, 857-870.

FIELD T, Diego M, & Hernandez-Reif M (2009). Depressed mothers' infants are less responsive to faces and voices. *Infant Behavior Development.* 32(3),239-44.

FLETT, G.L., Hewit, P.L., & De Rosa, T. (1996). Dimensions of perfectionism, psychosocial adjustment, and social skills. *Personilty. Indiv. Diff.* 20, (2), 143-150.

GILLIHAN, S.J., Rao, H., Brennan, L., Wang, D.J., Detre, J.A., Sankoorikal, G.M., Brodkin, E.S.,Farah, M.J. (2011). Serotonin transporter genotype modulates the association between depressive symptoms and amygdala activity among psychiatrically healthy adults. *Psychiatry Res.* 193(3),161-7.

GOUVEIA, J.A. da V. P. de. (1990). *Factores Cognitivos de vulnerabilidade para a depressão*. Coimbra.

HARTLEY, S.L., & Birgenheir,D. (2009). Nonverbal Social Skills of Adults with Mild Intellectual Disability Diagnosed with Depression. *Journal of Mental Health Res Intellectual Disability*, 2(1):11-28.

YOUNG, J. E. (2003). *Terapia cognitiva para transtornos da personalidade: uma abordagem focada em esquemas*. (3 ed.) Porto Alegre: Artmed.

YOUNGREN, M.A., & Lewinsohn, P.M. (1980). The functional relation between depression and problematic interpersonal behavior. *Journal of Abnormal Psychology*, 89(3), 333-341

LEWINSOHN, P. (1974). A behavioral approach to depression. Em R.J. Friedman & M.N. Katz (Eds). *The psychology of depression*. New York: Wiley.

LIBET, J.M., & Lewinsohn, P.M (1973). Concept of social skill with special reference to the behavior of depressed persons. *Journal of Consult and Clinical Psycholohgy,* 40 (2), 304-312.

MATSON, J.L., Lott, J.D., Mayville, S.B., Swender,S.L., & Moscow, S. (2006) Depression and Social Skills Among

Individuals with Severe and Profound Mental Retardation. *Journal of Developmental and Physical Disabilities, 18 (4),* 393-400

MURPHY, B., & Bates, G.W.(1997). Adult attachment style and vulnerability to depression. *Personality and Individual Differences*, 22(6), 835-844.

ÖHMAN, A., Esteves, F., & Parra, C. (1995). Estrategias de investigación en psicopatología: Una perspectiva vulnerabilidad-estrés. Em V. E. Caballa, G. Buela-Casal & J. A. Carrobles (dirs.), *Manual de psicopatología y trastornos psiquátricos, Vol. 1: Fundamentos conceptuales; trarstornos por ansiedad, afectivos y psicóticos* (pp. 163– 204). Madrid: Sieglo XXI de Espana Editores.

OLIVEIRA, P.A.de (2010). *Habilidades Sociais, Depressão, Ansiedade e Alcoolismo em Bombeiros: Um Estudo Correlacional* (Dissertação de mestrado) Universidade Federal de São Carlos, São Carlos, SP.

SCHER, Z.V., Segal, C., & Ingram, R.E. (2004). Beck's theory of depression: origins, empirical status and future directions for cognitive vulnerability. Em R. l. Leahy(Ed), *Contemporary Cognitive Therapy: Theory, Research and Practice* (pp.27-44). New York: The Guilford Press.

SEGRIN, C., & Flora, J. (2000). Poor social skills are a vulnerability factor in the development of psychosocial problems. *Human Communication Research,26*(3), 489-514.

THASE, M.E., & Lang, S.S. (2005). *Sair da Depressão - Novos Métodos para Superar a Distimia e a Depressão Branda Crônica.* Rio de Janeiro: Imago.

THIMM, J.C. (2010). Personality and early maladaptive schemas: A five-factor model perspective. . *Behav. Ther. & Exp. Psychiat.* 41, 373- 380

TSE, W.S., & Bond, A.J (2004). The impact of depression on social skills. *Journal Nerv Mental Disease,* 192(4), 260-8.

CAPÍTULO 2

Terapia cognitiva da depressão

Helene Shinohara

Os transtornos do humor

Segundo a *American Psychiatric Association* (1994), em seu Manual Diagnóstico e Estatístico dos Transtornos Mentais, os transtornos do humor são definidos em categorias que caracterizam os episódios depressivos e os maníacos. A depressão maior envolve a ocorrência de um ou mais episódios de humor deprimido ou perda de interesse por duas semanas, acompanhados de pelo menos quatro outros sintomas. A distimia representa um estado de humor deprimido mais duradouro, por um período de pelo menos dois anos, com sintomas adicionais que não completam os critérios diagnósticos para a depressão maior. Os transtornos bipolares são caracterizados por episódios de mania (bipolar I) ou hipomania (bipolar II), em geral acompanhados de depressão maior. A ciclotimia envolve a ocorrência de numerosos sintomas de hipomania e de depressão, por pelo menos dois anos. Existem ainda distúrbios do humor como consequências fisiológicas a drogas, e outros relacionados a condições médicas.

Estes transtornos podem ser melhor especificados tanto em relação à severidade (leve, moderado, severo com ou sem sintomas psicóticos) ou à recorrência dos episódios. O prognóstico depende de outros transtornos associados, de enfermidades médicas, de tratamentos anteriores inadequados e sabe-se que, depois da ocorrência de três episódios, a chance de outro é muito alta.

A depressão maior é identificada pela perda de interesse ou prazer em quase todas as atividades, por duas semanas. Os sintomas podem ser afetivos, motivacionais, cognitivos, fisiológicos e comportamentais. Queixas somáticas, falta de energia, choro fácil, irritabilidade, isolamento social e dores podem fazer parte da descrição do quadro clínico. É importante verificar também alteração de sono, apetite, atividade sexual e preocupação com a saúde. Culpa, desânimo, decepção consigo mesmo e dificuldades cognitivas como indecisão e baixa concentração devem ser investigados. A ideação suicida aparece em muitos casos e, infelizmente, cerca de 15 % das pessoas cometem suicídio (Saffi, Abreu & Lotufo Neto, 2011).

Na distimia observam-se graus mais leves de humor deprimido por períodos mais longos. Além disto, baixa auto-estima, sentimentos de pessimismo, desesperança, pouca energia, apetite e sono alterados acompanham o estado disfórico. A cronicidade é um fator de risco para uma resposta aos antidepressivos e à psicoterapia.

Os transtornos bipolares raramente incluem somente episódios de mania. Nesta fase, os pacientes apresentam humor expansivo, persistentemente elevado, com auto-estima inflada ou grandiosidade, pouca necessidade de sono, verborreia, distratibilidade, fuga de ideias e envolvimento em atividades prazerosas que podem envolver riscos e consequências desastrosas. Não são raros deterioramentos social, professional e interpessoal.

A maioria das teorias psicológicas sobre a depressão recorrem à interação entre o estresse da vida e a resposta idiossincrática ou exagerada da pessoa diante das dificuldades. Hoje a maioria dos pesquisadores acredita em vulnerabilidade multifatorial (Blackburn, 2005).

A terapia cognitiva de beck

Aaron T. Beck desenvolveu, na década de 60, um modelo de terapia que propunha uma nova forma de interação entre os cinco elementos geralmente abordados pelas diferentes psicoterapias existentes: ambiente (incluindo a história de vida), biologia, afeto, comportamento e cognição. Inicialmente, voltada para o tratamento da depressão, foi depois se mostrando eficaz para uma variedade de outros problemas clínicos. A ênfase nos aspectos cognitivos não significa que um dos elementos seja mais determinante dos transtornos psicopatológicos que os outros quatro aspectos acima mencionados, mas sim que através da modificação de padrões cognitivos distorcidos ou disfuncionais podemos alterar os outros e, conseqüentemente, obter uma melhora global do funcionamento de um indivíduo (Dattilio & Freeman, 1998).

Evidências esmagadoras de que a avaliação cognitiva dos eventos afeta as respostas a eles levaram ao desenvolvimento de técnicas que pudessem monitorar, tornar acessível e alterar esta atividade cognitiva. Uma das proposições fundamentais da Terapia Cognitiva é de que, com este conhecimento, as mudanças desejadas podem ser obtidas por um método alternativo que focalize e priorize as mudanças cognitivas.

Beck (1967) enfatizou os processos psicológicos internos, particularmente os aspectos cognitivos da depressão. Ele rejeitou a visão da depressão como uma desordem afetiva na qual, cognições relacionadas a uma baixa auto-estima fossem secundárias ao transtorno. Ele considerou as cognições a causa primária da depressão, incluindo uma visão negativa de si mesmo, do mundo externo e do futuro, além de uma tendência a estabelecer padrões elevados de desempenho.

Um exame dos conteúdos dos pensamentos de depressivos revelou distorções e percepções não realistas, nas quais os clientes exageravam suas culpas e problemas em suas vidas. Os teóricos cognitivos contribuíram significativamente para o entendimento da depressão em termos da descrição dos tipos de pensamento que nela ocorrem.

O modelo cognitivo da depressão postula três conceitos específicos para explicar o substrato psicológico deste transtorno: a tríade cognitiva, os esquemas e as distorções cognitivas. A tríade cognitiva consiste em padrões cognitivos que fazem com que o cliente veja ele mesmo, o seu futuro e as suas experiências de uma forma negativista. Ele tende a se ver como inadequado, incapaz e fracassado, e atribuir às experiências desagradáveis responsabilidade pessoal. O segundo componente consiste na tendência da pessoa depressiva interpretar as experiências distorcidamente. É como se o mundo estivesse pedindo muito dele ou apresentando obstáculos insuperáveis. O terceiro componente da tríade consiste em uma visão negativa do futuro. Ao fazer projeções, dificuldades são antecipadas e o sofrimento parece que permanecerá indefinidamente. A expectativa é de fracasso (Beck, Rush, Shaw & Emery, 1979).

O modelo cognitivo adota também o conceito de esquemas que são usados para explicar porque o cliente depressivo mantém suas atitudes negativistas e desprazeirosas mesmo com evidências objetivas de fatores positivos em sua vida. Apesar de diferentes pessoas interpretarem a mesma situação de diferentes maneiras, uma determinada pessoa tende a ser consistente em suas respostas para eventos similares. Padrões cognitivos relativamente estáveis formam a base para a regularidade das interpretações de um grupo particular de situações. O termo 'esquema' designa estes padrões cognitivos estáveis que são ativados em determinadas circunstâncias para categorizar e avaliar as experiências. O paradigma pessoal do cliente, quando ele está em estado depressivo, reflete uma visão distorcida dele mesmo e do mundo. Suas idéias e crenças negativas parecem ser uma representação verdadeira da realidade, apesar de parecerem falsas para as outras pessoas e para ele mesmo, quando não está deprimido.

Pesquisas têm documentado que os pensamentos negativos que causam as oscilações emocionais quase sempre contêm distorções. Apesar de estes pensamentos parecerem confiáveis, o paciente poderá descobrir que muitos deles são irracionais ou não correspondem aos fatos, e que estes pensamentos são a maior causa de seu sofrimento. A depressão é, portanto baseada não em percepções acuradas da realidade, mas sim, sempre, um produto de "deslizes mentais" (Greenberg & Padesky, 1999).

Os estilos atributivos dos deprimidos para eventos negativos são internos ("isto está acontecendo por minha culpa"), globais ("isto tem uma implicação abrangente e de longo prazo") e fixos ("isto não vai melhorar no futuro"). Os métodos da Terapia Cognitiva são úteis para reverter este tipo de processamento cognitivo tendencioso (Wright, Basco & Thase, 2008).

Ao se tentar identificar pensamentos automáticos negativos relacionados, imediatamente antes ou durante, a um sentimento de depressão, consegue-se perceber que eles na verdade influenciaram o humor, e pode-se mudá-lo justamente através da reestruturação cognitiva. Estes pensamentos automáticos percorrem a mente automaticamente sem o mínimo esforço voluntário. Eles se tornam óbvios e naturais ao sujeito.

As principais distorções cognitivas, segundo Burns (1980) e Beck (1997) são:

a) Absolutismo - isto refere à tendência de se avaliar qualidades pessoais em categorias extremas, tipo tudo ou nada. Esta forma de avaliação é irrealista porque a vida raramente é completamente de uma forma ou da oposta. Ex: "ou eu sou o melhor, ou sou o pior, não existe meio termo".

b) Supergeneralização - isto refere a, arbitrariamente, concluir que algo que aconteceu uma vez irá ocorrer repetidamente. Ex: "meu último trabalho foi um desastre, todos serão iguais".

c) Abstração seletiva (filtro mental) - escolher um detalhe negativo de uma situação e lidar exclusivamente com ele levará à percepção negativa da situação como um todo . Na depressão percebe-se o uso de óculos com lentes especiais que percebem somente as coisas negativas e rejeitam as positivas. Ex: "meu chefe não concordou comigo, isto significa que sou burra e incapaz".

d) Desqualificação do positivo - é uma tendência persistente de transformar experiências neutras, ou mesmo positivas, em negativas. Não somente as experiências positivas são ignoradas como revertidas nos seus opostos. Ex: "passei no vestibular, mas também todos os meus colegas de turma passaram".

e) Inferência arbitrária - quando, arbitrariamente, se chega a conclusões negativas que não são justificadas pelos fatos da situação. Dois exemplos são quando se assume saber o que o outro está pensando, e quando se imagina que algo ruim está para acontecer e se lida com esta predição como se fosse um fato. Ex: "minha namorada não me chamou para ir com ela ao shopping, ela não gosta mais de mim".

f) Magnificação e minimização (efeito binóculo) - esta distorção acontece quando as coisas são aumentadas ou diminuídas fora de proporção. Em geral os erros, medos e imperfeições são exagerados em sua importância; e os pontos positivos são minimizados. Ex: "o que consegui até hoje teve mais a ver com acaso do que com valor pessoal".

g) Racionalização emocional - as emoções são tomadas como evidência da verdade. Este tipo de racionalização incorre em erro porque os sentimentos refletem pensamentos e crenças. Se eles estiverem distorcidos, como quase sempre é o caso, as emoções não terão validade alguma. Ex: "já que estou me sentindo tão mal, esta é uma confirmação do quanto a vida é ruim".

h) Afirmações de "devo" (musturbation) - na tentativa de se motivar, as expressões "eu devo fazer isto" ou "eu tenho que fazer aquilo" acabam causando pressão e ressentimento. Paradoxalmente, os sentimentos gerados serão de apatia e desmotivação. Se estas afirmações forem dirigidas aos outros, a consequência será de frustração. Ex: "tenho que fazer tudo que fazia antes de ficar deprimido".

i) Rotulações - Rótulos pessoais significam criar uma auto-imagem completamente negativa baseada em erros. É uma forma extrema de supergeneralização. Definir-se com rótulos negativos é extremamente simplista e irracional e envolve descrever um evento ou pessoa com palavras que são pouco acuradas e com forte conotação emocionaL. Ex: "sou um fracasso ambulante".

j) Personalização - esta distorção ocorre quando se assume responsabilidade por algo negativo, mesmo quando não se tem bases para fazê-lo. Arbitrariamente, conclui-se que os fatos aconteceram por faltas pessoais e que eles refletem a própria incapacidade. A consequência natural para este tipo de erro é o sentimento de culpa. Ex: "minha terapeuta não quis mudar meu horário, devo ter feito algo para aborrecê-la".

Avaliação e diagnóstico da depressão

A eficácia de uma intervenção está na adequada avaliação dos fatores de desenvolvimento e manutenção do problema. Conforme o modelo adotado, a ênfase recairá sobre determinados aspectos e os recursos de diagnóstico e as técnicas terapêuticas serão decorrentes.

Como em outros problemas atuais, há uma variedade de métodos disponíveis para obter informações relevantes para a avaliação do caso, e geralmente muitas fontes são utilizadas. Os propósitos da avaliação incluem, além da conceituação cognitiva propriamente dita, determinação da intensidade da depressão, incluindo o risco de suicídio; identificação de deficiências e excessos específicos ao comportamento; formulação de hipóteses no tocante à predisposição, precipitação e manutenção da depressão do cliente; e a descrição de um plano de intervenção que inclua as principais metas e os procedimentos adequados para atingí-las. Parece ser importante "estruturar" o processo de intervenção com clientes depressivos, visando chegar a um entendimento mútuo de expectativas, objetivos e compromissos de tempo envolvidos. Contingências especiais podem ser requeridas para encorajar os clientes a coletar as informações necessárias, tais como tornar sessões futuras parte dessa coleta de dados.

Entrevistas com o cliente visam determinar o grau de interferência do humor deprimido em várias áreas de sua vida. Serão investigados sintomas cognitivos como ideação suicida, habilidade em tomar decisões, concentração e atenção. É importante também abranger o desempenho no trabalho (interesse, sentimentos de competência, tempo perdido) e a interação social (por exemplo, frequência de atividade social iniciada pelo indivíduo; média do tempo diário passado com amigos nas duas últimas semanas; frequência de eventos sociais aos quais comparece e satisfação experimentada; frequência e qualidade das relações sexuais). A quantidade e o tipo de exercícios físicos também são observados. O nível de resposta somática inclui a média de horas de sono, agitação (maneira de andar, torcer as mãos), perda de peso, fadiga e apetite.

O Inventário Beck de Depressão é um instrumento validado para a população brasileira por Cunha (2001) e é capaz de levantar os aspectos mais relevantes para a avaliação do quadro, inclusive determinando a gravidade do episódio atual. Contém uma escala adicional para avaliação da desesperança e outra para risco de suicídio. Pode ser usado para reavaliações periódicas no intuito de monitorar a evolução do caso e a eficácia do tratamento. Outras escalas também estão disponíveis.

Os Registros de Pensamentos Disfuncionais (RPD) são usados rotineiramente para identificação dos pensamentos automáticos e das relações deles com o humor e o comportamento. Por exemplo, um cliente registra:

situação "ao entregar um relatório para meu chefe e ele me elogiar";

pensamento "ele está querendo me agradar porque sabe que estou deprimido; na verdade não fiz nada tão bom assim";

sentimento "tristeza e desânimo";

comportamento " me tranquei na minha sala e fui embora mais cedo".

Este material poderá ilustrar claramente a forma dele pensar e a influência sobre como se sente e sobre o que faz em situações como esta. Mais tarde, estes registros trarão os dados para o trabalho de questionamento das distorções e reformulação das crenças.

A conceituação do caso em termos cognitivos pretende entender o funcionamento do cliente, avaliar suas dificuldades e capacidades, estabelecer pontos de entrada e técnicas mais adequadas, prever resistências e estabelecer mudanças desejáveis. É nestas sessões iniciais que uma boa relação terapêutica pode ser desenvolvida. Ao se sentir compreendido e respeitado, as informações complementares serão reveladas, e um trabalho colaborativo tornará viável o processo.

Tratamentos

Beck (2007) relata que inicialmente a Terapia Cognitiva para a depressão se concentrava nos problemas atuais do paciente e prescrevia, de uma forma geral, ativação comportamental, registros de pensamentos disfuncionais e prática para solução de problemas. Para casos mais graves, descobriu-se que estes procedimentos são igualmente indicados, porem requerem mais sessões e adição de farmacoterapia (Wright et al, 2008).

O risco de suicídio exige intervenções específicas. Segundo Beck et al (1979), o desejo de escapar da vida pode ser tão grande que a idéia de suicídio representa um alívio de sua situação presente. O isolamento social e a história prévia de tentativas são muito mais frequentes em deprimidos que cometeram suicídio.

Atender estes pacientes exige acuidade na avaliação, rapidez nas decisões e disponibilidade do terapeuta.

Um comprometimento do cliente em atualizar o terapeuta sobre pensamentos ou planos sempre que aparecerem, a inclusão da família no processo terapêutico, e medidas de prevenção e cuidados são essenciais. A parceria com o psiquiatra assegura a qualidade das intervenções necessárias, e diminue a pressão e o estresse de ambos os profissionais envolvidos.

Uma das primeiras intervenções recomendada por Greenberg (1997) é no sentimento de desesperança do deprimido. Portanto iniciar a terapia com foco em mudanças pequenas e possíveis afetará a crença de que nada nunca vai melhorar. Estes passos, apesar de serem considerados triviais, têm efeitos adicionais e cumulativos.

Muitos autores têm escrito sobre a importância do trabalho de casa para uma terapia efetiva, não só por torná-la mais específica e concreta, como também por incrementar a comunicação entre cliente e terapeuta. Estes exercícios podem ser relatos escritos, com os dados ocorridos durante a semana e que serão discutidos na sessão, ou simplesmente atividades a serem desenvolvidas. Algumas atividades são planejadas para aumento do nível de prazer experienciado pelo cliente; outras para melhora do seu senso de eficácia.

Estabelecer padrões mais realistas afeta diretamente a realização dos experimentos combinados para serem realizados entre as sessões. Estas "tarefas" quando bem planejadas são uma forma de elevar o nível de competência pessoal. Atividades físicas e sociais afetam significativamente o humor.

Geralmente é útil ajudar os clientes a identificarem flutuações de humor e lançarem mão de estratégias simples como parada de pensamento ou distração para reduzir as ruminações disfóricas. Uma monitoração do humor pode ter início logo após a primeira entrevista. Avaliações diárias de humor, feitas utilizando-se uma escala que oscila de *humor normal* à *extrema depressão* ajudam o cliente e o terapeuta a identificar eventos ambientais e atividades que possam estar relacionados a estas variações.

As técnicas cognitivas têm por objetivo a identificação e o questionamento dos pensamentos automáticos. Uma reestruturação cognitiva é necessária já que são estas crenças irracionais que determinam os sentimentos e comportamentos depressivos. Colaborativamente, cliente e terapeuta assumem o trabalho de realizar um teste de realidade, ou seja, encontrar uma forma de descrever e analisar as coisas mais acuradamente, podendo corrigir as distorções detectadas.

Técnicas cognitivas que visam a discussão dos pensamentos disfuncionais e crenças características dos depressivos são inúmeras. Beck et al (1979) discorrem sobre técnicas de reatribuição de significados e responsabilidades, sobre a busca de soluções alternativas, questionamento socrático e solução de problemas. McMullin (1986) expõe técnicas que usam contra-argumentação, análise lógica do conteúdo, imagens e métodos paradoxais. Leahy (2003) apresenta uma variedade de técnicas cognitivas para discussão e reformulação de pensamentos e crenças. McKay, Davis e Fanning (2007) também descrevem técnicas que influenciam e alteram o humor. Greenberg & Padesky (1999) fornecem um valioso manual, a ser usado tanto pelo terapeuta quanto pelo cliente, com vários recursos técnicos para o tratamento da depressão.

A utilização de antidepressivos deve ser avaliada em casos de episódios de depressão recorrentes, depressão grave, casos de transtornos do humor na família e sintomas físicos predominantes. Existem opções de medicamentos a serem avaliadas pelo médico, seja pelo conjunto de sintomas mais incômodos, seja pela resposta obtida em tratamentos anteriores.

Para que o psicólogo conheça minimamente as opções do mercado, a lista abaixo orienta pela classe de antidepressivos. Os Tricíclicos mais conhecidos são Tofranil, Tryptanol, Anafranil, Pamelor, para mencionar alguns. Os Inibidores Seletivos da Recaptação de Serotonina (ISRS) são o Prozac, Daforin, Zoloft, Tolrest, Lexapro, etc. Os Inibidores Seletivos da Recaptação de Serotonina e Noradrenalina (ISRSN) são o Efexor e Cymbalta, entre outros. E os Inibidores da Monoaminoxidase (IMAO) são o Nardil e Parnate. O

Lítio é indicado principalmente para transtorno bipolar. Orientar o cliente para que siga corretamente as orientações de dosagem e frequência interfere significantemente nos resultados.

Caso clínico

X é um homem de 32 anos, branco, solteiro, com postura tímida e retraída. Tem 3 irmãos e é o único que mora ainda com a mãe. Trabalha e cursa faculdade à noite. Está em um relacionamento homossexual há cerca de 2 anos. Já procurou terapia anteriormente para depressão e, nesse momento, suas principais queixas giram em torno de um novo episódio depressivo e de seus problemas de relacionamento com o namorado, além de estresse no trabalho.

Relata que tem depressão desde a adolescência. Essa depressão segundo ele, começou por conta das descobertas de sua sexualidade (*sic.*). Diz ter sido uma criança tranqüila e muito tímida. Tinha poucos amigos na escola e alguma preocupação com provas e avaliações em geraL. Diz que sempre foi um bom aluno e que nunca foi reprovado.

O cliente conta não ter tido uma família muito calorosa, diz não se lembrar de momentos de carinho entre os pais, nem entre os pais e os filhos. Relata que seu pai era de alguma forma indiferente a ele, e sua mãe, sempre rigorosa com a educação dos filhos e muito organizada com a casa.

Com cerca de 12 ou 13 anos, o cliente diz ter "se descoberto gay", ao se apaixonar por um colega de colégio. Nesse período, relata ter começado a querer fazer tudo perfeito, na escola e em casa. Também passou a querer agradar a todos, "como uma forma de ser aceito, mesmo sendo gay" (*sic.*). X. conta que sempre teve uma imagem negativa dos homossexuais, relacionada à promiscuidade, compartilhada por seus familiares.

Após concluir o ensino médio, conta que se sentiu muito sozinho, sem emprego e sem revelar sua opção sexual às pessoas. Acabou ficando recluso em casa durante cerca de 3 anos, com depressão. Ao buscar ajuda médica para sua depressão, o médico que o atendeu o apresentou ao Grupo Arco-Íris, grupo de apoio formado por homossexuais. Isso o ajudou a "diminuir sua imagem negativa do homossexual" (*sic.*). Conseguiu sair de casa e encontrar seu primeiro emprego.

Com cerca de 24 anos, disse ter contado para a mãe sobre sua homossexualidade, mas nunca conversou explicitamente com o pai sobre isso. Não teve grandes problemas em casa, mas, no início, sua mãe ficava receosa sobre "o que iria falar com os parentes, se eles perguntassem alguma coisa"(*sic.*).

Quanto aos seus relacionamentos afetivos, diz que seu primeiro namoro mais longo durou cerca de 5 anos. O namorado chegou a morar com ele na casa de seus pais. O término do relacionamento ocorreu devido à descoberta de uma traição. Neste momento, o cliente relata que voltou a ficar deprimido. Diz que nesta época também se sentia muito culpado por ter negado alguns pedidos ao pai, que morreu de infarto. Fez uso de medicação e psicoterapia, com bons resultados.

Conheceu o atual namorado quando trabalharam juntos por poucas semanas. O rapaz tem pós-graduação e dá aulas na faculdade onde X. resolveu estudar. Conta que o namorado sente ciúmes dele e sempre que o vê falando com alguém, reclama. Diz que o que mais o incomoda na relação é que ele se acha dedicado, fazendo tudo o que o namorado pede e que não sente o mesmo da parte dele.

Em janeiro deste ano, X. descobriu mentiras do namorado, inclusive algumas pequenas como a própria idade. Descobriu também que ele estava trocando emails com outros rapazes e que estava com uma viagem marcada para o Chile. Sentiu-se muito humilhado ao ser exposto e ridicularizado e terminou o namoro. Insistências levaram-no a reatar. Desconfia do namorado até hoje e passou a ficar grande parte do seu dia imaginando o que ele estaria fazendo, pensa que ele pode estar com alguém ou que pode estar trocando e-mails com outros. Neste momento, relata ter voltado a sentir os sintomas depressivos, uma tristeza maior pela manhã, falta de ânimo para realizar suas atividades diárias e muito cansaço físico. X. se sente inferior ao namorado em termos intelectuais, já que este faz mestrado e ele ainda está na graduação, e em relação à sua beleza e condição financeira.

Uma das queixas recorrentes é a de passividade em suas relações interpessoais, inclusive no trabalho e na faculdade. Além disso, não consegue participar das discussões em sala de aula, mesmo quando tem algo importante a acrescentar. Conta que esta passividade o tem deixado muito triste e que ele se questiona "Será que eu faço o que eu realmente desejo?", "Será que estou me comportando como eu quero?".

Tende sempre a agradar as pessoas, diz que "agrada o outro no automático"(*sic.*). Relata que sempre acreditou que seria mais fácil agradar e concordar com o outro do que argumentar sobre aquilo que acredita. No decorrer da terapia, discerniu quatros fontes de problemas e preocupações em sua vida: a faculdade, o trabalho, a vida financeira e o relacionamento. As principais queixas de X. ao começar o tratamento foram problemas no relacionamento com o namorado; sentimento de inferioridade em relação a ele; ansiedade, principalmente em período de provas; baixa auto-estima; passividade diante das suas relações interpessoais e dificuldade em falar em público.

Quadro 1 - Diagrama de Conceitualização Cognitiva

<table>
<tr><td colspan="3">DIAGRAMA DE CONCEITUAÇÃO COGNITIVA
Nome do Paciente: X.
Nome do (a) Terapeuta: N. B. A.
Diagnóstico Eixo I: Depressão (3°. Episódio)
Diagnóstico Eixo II: sem transtorno do Eixo II

Dados relevantes de infância:
Filho caçula do segundo casamento da mãe; Pai indiferente;
Mãe pouco carinhosa, organizada e rígida; Timidez na infância;
Isolamento durante a adolescência,
quando descobriu que era homossexual.</td></tr>
<tr><td colspan="3">Crenças Centrais
As pessoas são preconceituosas e exigentes; Sou imperfeito, incapaz e frágil

Crenças Condicionais
Se eu agradar os outros, vou ser aceito mesmo sendo gay; Tenho que fazer tudo perfeito para compensar meus defeitos; Se eu estudar muito, posso conseguir chegar até onde os outros estão; É melhor não dizer tudo o que se pensa

Estratégias Comportamentais
Seguir altos padrões de exigência; Ser passivo nas relações sociais; Não expor suas opiniões</td></tr>
<tr><td>Situação 1
Na faculdade, tendo que apresentar um seminário</td><td>Situação 2
No teatro, com o namorado, um senhor reclama que os dois estão abraçados</td><td>Situação 3
Em casa, estudando para as provas</td></tr>
</table>

Continua

Pensamentos Automáticos "As outras pessoas falam melhor" "Eu não vou conseguir falar"	**Pensamentos Automáticos** Que vergonha! "Não vou conseguir me defender" "Quero ir embora daqui"	**Pensamentos Automáticos** "Tem muita matéria, eu não vou dar conta" "Tenho que estudar tudo" "Não vou conseguir ler todos os capítulos"
Significado Sou imperfeito	**Significado** Sou frágil	**Significado** Não sou capaz
Emoção Ansiedade	**Emoção** Tristeza e Vergonha	**Emoção** Desânimo
Comportamento "Peço para outra pessoa do grupo falar a minha parte"	**Comportamento** "Fico calado, enquanto meu namorado briga com o senhor para nos defender"	**Comportamento** "Fico contando quantas páginas faltam para terminar de ler o capítulo"

Para avaliação inicial, formam usadas duas medidas padronizadas. Na *BHS – Escala Beck de Desesperança,* a pontuação foi de 5/20, indicação de desesperança leve, conforme nível de escore para a versão em português. No *BDI – Inventário Beck de Depressão*, a pontuação foi de 22/63, que indica depressão moderada, conforme sugestão de pontos de corte para a população brasileira.

Conceituação cognitiva

Em função de uma criação pouco afetiva e muito exigente, X. desenvolveu crenças de si mesmo como alguém imperfeito, incapaz de corresponder às expectativas e que não tem com quem contar de verdade.

No início da adolescência quando "se descobriu gay", estas crenças negativas foram ativadas e entendidas como comprovação da sua diferença e pouco valor. As crenças de sua família relacionadas à homossexualidade influenciaram suas próprias crenças sobre sua opção sexual. Passou então a se comportar de modo compensatório, buscando a perfeição em tudo que fazia, desde os cuidados com sua aparência até a arrumação das coisas, o trabalho e estudos. Nesse sentido, desenvolveu altas expectativas de desempenho e altos padrões de comparação, do mesmo modo que tendia a não acreditar que tinha recursos e habilidades para enfrentar as situações da vida, sentindo-se frágil e incapaz.

Outras estratégias para lidar com este conjunto de crenças foram o aperfeiçoamento de sua habilidade em agradar as outras pessoas, para ser aceito mesmo sendo gay, isolamento quando possível, e uma postura passiva nos relacionamentos sociais.

O primeiro episódio depressivo de L. ocorre no momento em que, após terminar o ensino médio, o cliente se isola da família e dos amigos, por não conseguir emprego, entendido como prova de sua "incapacidade", e por sua opção sexual, entendida como prova de sua "imperfeição". O outro episódio depressivo pelo qual o cliente passou coincide com a morte de seu pai e o término de um relacionamento.

Trabalho terapêutico

O trabalho terapêutico se baseou na construção de uma relação terapêutica colaborativa. Também foi importante relembrar o modelo cognitivo, visto que o cliente havia sido atendido anteriormente por duas terapeutas cognitivistas, e já conhecia muito de seu próprio funcionamento e da forma de se trabalhar na Terapia Cognitiva.

O cliente se mostrou cooperativo e engajado no processo terapêutico desde o início. Rever sua rotina diária foi necessário, pois se observou que poucas atividades prazerosas ou essenciais, como fazer as refeições tranquilamente, estavam presentes. Havia priorização das obrigações e negligência de suas escolhas pessoais.

As metas terapêuticas trazidas pelo cliente foram, segundo ordem de importância e escritas por ele mesmo: resolver problemas no meu relacionamento/ ciúmes e falta de confiança; diminuir minha ansiedade, principalmente em época de provas; aumentar minha auto-estima/ ser mais assertivo e decidido; quero falar em público sem medo e com segurança; e me sinto inferior em relação às outras pessoas.

As primeiras sessões foram dedicadas às questões de seu relacionamento com o namorado, visto que era a primeira meta terapêutica destacada pelo cliente, discutida e acordada em sessão. Em relação a isso, o cliente ainda destacou que havia restringido seu círculo de amizades em decorrência dos ciúmes. Durante essas sessões, o cliente verbalizou crenças relativas à sua "total imperfeição" e ainda sobre a infidelidade das pessoas de modo geral. Gradualmente, crenças centrais de menos valia foram discutidas em questionamento socrático sobre sua imperfeição e incapacidade. O conceito sobre os outros serem exigentes e preconceituosos também foi alvo de trabalho por várias sessões.

O cliente ainda destacou comportamentos pouco assertivos em relação ao seu relacionamento com o namorado, na faculdade e também no trabalho. X. relatou uma necessidade de agradar os outros em todos os âmbitos de sua vida. Além do terapeuta pontuar como esta era sua estratégia para evitar confrontação e conflitos, trabalhou-se com alguns exercícios de *role-playing* para desenvolver habilidades assertivas, e resolução de problemas no intuito de desconfirmar sua idéia de incapacidade e fragilidade. Foram incluídas nestas discussões algumas situações de apresentação oral na faculdade, e mudanças que queria implementar no trabalho.

Durante o tratamento, o cliente foi orientado a procurar seu médico para avaliar a necessidade de retomar a medicação para depressão.

Até o presente momento, puderam ser observados os seguintes resultados:

Mais assertividade em relação ao namorado, relatando melhora na relação dos dois. Conversa sobre suas decisões financeiras, sobre os comportamentos do namorado que não aprova e ainda propõe programas para os dois. O cliente não ocupa mais tanto tempo ruminando pensamentos acerca da fidelidade de seu namorado. Relata que por vezes esses pensamentos vêm a sua cabeça, mas conversa consigo mesmo relativizando, "eu não tenho como saber se ele está me traindo", "é perda de tempo ficar pensando nisso, já que eu não posso controlar o que ele faz".

O cliente consegue manejar a ansiedade que sente antes de falar em público, de apresentar trabalhos ou nas discussões em sala de aula. Atualmente, voltou a falar com outras pessoas da faculdade, e não mais restringir seu círculo de amizades por conta dos ciúmes do namorado.

No trabalho, procura conversar com uma amiga de quem gosta muito e ainda melhorar o ambiente de trabalho, colocando música. Consegue ser mais assertivo com a chefe.

Compreende que suas altas expectativas de desempenho são irreais e que a perfeição não existe. Diante de uma situação em que essas crenças são ativadas, com o namorado, no trabalho ou na faculdade, consegue questionar seus pensamentos automáticos e promover mudanças de humor e de atitude.

Sua pontuação atual no Inventário Beck de Depressão é de 07/63. Pode-se observar uma redução significativa nos escores do BDI, demonstrando uma melhora nos sintomas depressivos. Vale ressaltar que, mesmo com a redução da sintomatologia, as questões recorrentes são aquelas relativas ao sentimento de tristeza, às expectativas futuras, ao desinteresse das pessoas e à tomada de decisões.

Nosso trabalho, portanto continua!

Agradecimentos à Narayana Bom de Araujo pela colaboração com o caso clínico.

Referências

AMERICAN PSYCHIATRIC ASSOCIATION (1994). *Diagnostic And Statistical Manual Of Mental Disorders (Dsm-Iv)*. Washington D.C.

BECK, A. (1967). *Depression: causes and treatment*. Philadelphia: University of Philadelphia.

BECK, A.; RUSH, A. J.; SHAW, B. F. & EMERY, G. (1979). *Cognitive Therapy of Depression*. New York: The Guilford Press.

BECK, J. (1997). *Terapia Cognitiva teoria e prática*. Porto Alegre: Artmed.

BECK, J. (2007). *Terapia Cognitiva para Desafios Clínicos*. Porto Alegre: Artmed.

BLACKBURN, I. (2005). Vulnerabilidade cognitiva à depressão. Em Salkovskis, P.M. (Ed.) *Fronteiras da Terapia Cognitiva*. São Paulo: Casa do Psicólogo.

BURNS, D.D. (1980). *Feeling Good- the new mood therapy*. New York: Avon Books.

CUNHA, J. A. (2001). *Manual da versão em português das Escalas Beck*. São Paulo: Casa do Psicólogo.

DATTILIO, F. M. & FREEMAN, A. (1998). Introdução à terapia cognitiva. Em: Freeman, A. & Dattilio, F. M. (Orgs.) *Compreendendo a Terapia Cognitiva*. Campinas: Editorial Psy.

GREENBERG, R. L. (1997). Depression. Em Leahy, L. (Ed.) *Practicing Cognitive Therapy*. New Jersey: Jason Aronson Inc.

GREENBERG, D. & PADESKY, C. A. (1999). *A Mente Vencendo o Humor.* Porto Alegre: Artmed.

LEAHY, R. L. (2003). *Cognitive Therapy Techniques.* New York: Guilford.

MCKAY, M.; DAVIS, M. & FANNING, P. (2007). *Thoughts and Feelings.* Oakland: New Harbinger Publications.

MCMULLIN, R. E. (1986). *Handbook of Cognitive Therapy Techniques.* New York: WWNorton & Company.

SAFFI, F.; ABREU, P.R. & LOTUFO NETO, F. (2011). Terapia cognitivo-comportamental dos transtornos afetivos. Em Rangé, B. (Ed.) *Psicoterapias Cognitivo-Comportamentais.* Porto Alegre: Artmed.

WRIGHT, J.H.; BASCO, M. R. & THASE, M. E. (2008). *Aprendendo a Terapia Cognitivo-ComportamentaL.* Porto Alegre: Artmed.

CAPÍTULO 3

Tratamento combinado da depressão: Psicofarmacologia e psicoterapia

Ygor Arzeno Ferrão
Caroline Menta

Introdução

A associação de psicofármacos e de psicoterapias é uma realidade na prática clínica, especialmente nos transtornos mais prevalentes e que causam maior morbidade, como é o caso dos transtornos de humor, especialmente da depressão maior, cuja prevalência varia de 3 a 11% (Jenkins, Lewis, & Bebbington *et al.*, 1997; Regier, Narrow, & Rae, 1993). O tratamento combinado da depressão, utilizando psicofármacos e psicoterapias, tem sido evidenciado como substancialmente mais efetivo do que tratamentos que utilizam esses recursos de modo independente, cada um colaborando com um tipo de ação diferente e, provavelmente, agindo em tipos de sintomas diferentes, adicionando efeitos (Cuijpers, Dekker, Hollon, & Andersson, 2009; Cuijpers, van Straten, Hollon, & Andersson, 2010)

Considerando-se que os psicofármacos possuem efeitos psicológicos, e que as psicoterapias possuam efeitos neurobiológicos (Roffman, Marci, & Glick *et al.*, 2005; Morris, 1997), tanto os psicofármacos como as psicoterapias podem provocar alterações nos pensamentos, nos sentimentos e no comportamento humano, resultando em diferentes desfechos no tratamento da depressão. Segundo Ferrão e Menta (2011) existem três possíveis situações de uso combinado de psicofármacos e psicoterapias: 1) situação agonista, onde uma das técnicas aumenta ou ajuda nos resultados da outra; 2) situação antagonista, onde uma das técnicas prejudica o funcionamento da outra; e 3) atuação paralela, onde não há interferência de uma técnica na outra (*figura 1*) (Ferrão & Menta, 2011).

FIGURA 1 - Modelo proposto de possíveis interações entre Psicoterapia e Psicofarmacologia. a) psicofármaco inibindo ação da psicoterapia; b) psicoterapia inibindo ação do psicofármaco; c) psicofármaco potencializando ação da psicoterapia; d) psicoterapia potencializando ação do psicofármaco.

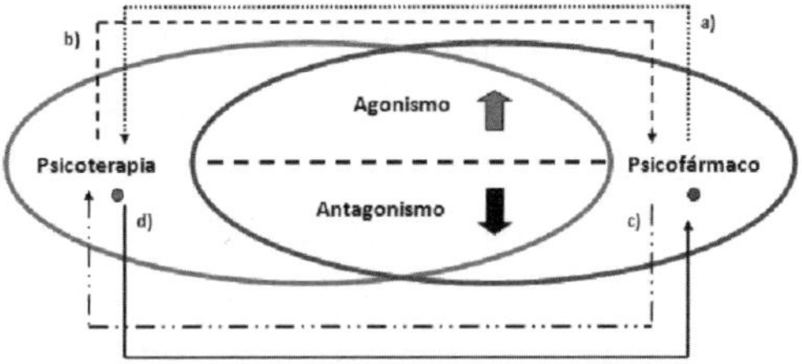

Agonismo entre antidepressivos e psicoterapias no tratamento da depressão

As principais estruturas cerebrais produtoras de neurotransmissores estão situadas na região do tronco cerebral:

a) serotonina, produzida pelos núcleos da rafe;
b) dopamina, produzida pela substância nigra;
c) noradrenalina, produzida pelo locus ceruleus.

Esses neurotransmissores (além de outros como o ácido gama-amino-butírico e o glutamato), depois de sintetizados, são utilizados por neurocircuitos específicos, passando pela região do hipotálamo, córtex pré-frontal, córtex frontal, córtex parietal e córtex temporal dos hemisférios cerebrais. Esses neurocircuitos possuem conexões paralelas com outras estruturas cerebrais, como os núcleos da base (caudado, putâmen, globo pálido, tálamo, claustrum), além de estruturas límbicas (como giro do cíngulo, hipocampo e amígdala). Partindo do tronco cerebral, em direção ao córtex, o neurocircuito específico faz um caminho que é regulado de baixo para cima ou em "*up-regulation*". Isso explica porque os antidepressivos não atuam imediatamente, levando de duas a seis semanas para iniciarem os efeitos desejados nos sintomas depressivos. Os efeito ditos indesejados (ou colaterais) ocorrem mais precocemente. Por exemplo, os circuitos serotoninérgicos, ao passarem pela região do hipotálamo, desencadeiam efeitos colaterais por ativarem ou bloquearem alguns núcleos hipotalâmicos, como o núcleo responsável pela saciedade da fome, núcleo envolvido com a libido, núcleo de controle da pressão cardiovascular, entre outros.

Por outro lado, se os antidepressivos atuam num sentido de "*up-regulation*", as psicoterapias tenderão a atuar num sentido de "*down-regulation*", ou seja, os estímulos ambientais (como os auditivos e visuais) chegam primeiramente ao córtex para depois "descerem" até as estruturas mesencefálicas e do tronco cerebral por neurocircuitos distintos. Sabemos que ao chegar aos devidos córtices cerebrais, as informações tornam-se conscientes. As informações devem ser seguidas de tomadas de decisão, que podem envolver desde a decisão de mover alguma parte do organismo até o desenvolvimento de um novo processo cognitivo ou do armazenamento dessa informação ou não. Para tal, outras estruturas sub-corticais deverão entrar em ação e ajudar nesse processo. Circuitos que envolvam, por exemplo, o núcleo caudado, estarão envolvidos com aspectos relacionados a memórias implícitas, processamento de vivências cognitivas (pensamento, idéias, imagens), filtragem de estímulos para determinar comportamentos e planejamento dos comportamentos. Essas tomadas de decisão levarão em conta informações colhidas de conexões com estruturas como lobo frontal, lobo temporal (memórias), amígdala e massa cinzenta periaquedutal (síntese de informações do mundo exterior, informações interoceptivas (viscerais), e ansiedade (reações de luta e fuga), cerebelo (precisão dos movimentos e equilíbriopostural), entre outras.

As funções do córtex frontal, especialmente na região órbito-frontal, seriam: a) processamento da informação do significado do estímulo aversivo (conexão c/ amígdala), e assim está associada ao condicionamento do medo; b) ansiedade antecipatória e percepção de emoções negativas, o que geralmente está aumentado em pessoas com depressão maior; c) memória procedural hiperativa, o que equivaleria a dizer uma incapacidade de inibir pensamentos, que se tornam então intrusivos, repetitivos (como nas preocupações, ruminações depressivas e obsessões); d) percepção de inadequação de respostas anteriores; e) mediação de respostas de recompensa, coordenando a intensidade da premência ("urge") para realizar um comportamento; f) comportamentos sociais, como por exemplo, o excesso de preocupação de suas ações afetando outras pessoas, culpa, vergonha, sentimentos esses que podem estar exacerbados em quadros depressivos.

Assim, sendo, durante um processo psicoterápico, onde o paciente 1) se escuta ao falar de si mesmo e de situações vivenciadas, e escuta o terapeuta, 2) visualiza o terapeuta e passa a ver as coisas de modo distinto do que vinha vendo, 3) "sente" e percebe o mundo externo e interno de modo distinto do anterior, e 4) toma decisões mais acertadamente, acredita-se que ele esteja ativando de modo mais significativo o córtex cerebral, que por sua vez está conectado com estruturas abaixo dele, fazendo com que se defina um circuito em "*down-regulation*", ou seja, por atuações externas, acaba-se por atuar em neurocircuitos envolvidos nas transmissões serotoninérgicas, dopaminérgicas, noradrenérgicas e gabaérgicas, semelhantes ou que tenham interação com aqueles onde atuam os antidepressivos.

Nesse sentido, ao utilizarmos antidepressivos e psicoterapias simultaneamente, do ponto de vista neurobiológico, poderá existir agonismo, reduzindo, por exemplo, o tempo para início da melhora dos sintomas-alvo ou até mesmo o tamanho do efeito (ou potência) terapêutico.

Em algumas situações, o antidepressivo reduzirá a gravidade de sintomas, possibilitando a realização ou melhorando o desempenho do paciente na realização de alguma técnica psicoterápica. Em outras situações, a psicoterapia proporcionará uma melhor tolerância aos efeitos colaterais do antidepressivo e a compreensão da necessidade do uso de tal medicação (aspecto psico-educativo). A esses efeitos auxiliares, preferimos chamar de "potencialização" ao invés de agonismo, uma vez que uma das técnicas estaria apenas potencializando o efeito da outra e não diretamente adicionando efeito ao efeito da outra terapêutica. Um exemplo recente da potencialização de uma técnica psicoterápica com medicamentos é a utilização de D-cicloserina (um antibiótico usado no tratamento da tuberculose) uma hora antes de técnicas cognitivo-comportamentais (exposição e prevenção de respostas) em pacientes com Transtorno Obsessivo-Compulsivo, o que parece ter ampliado o efeito da técnica psicoterápica e melhorado os resultados em 40 % dos pacientes (60 % dos pacientes com D-cicloserina x 20 % dos pacientes com placebo) (Wilhelm, Buhlmann, & Toli, et al., 2008).

Antagonismo entre antidepressivos e psicoterapias

Assim, como há um possível agonismo neurobiológico entre antidepressivos e psicoterapias, certo antagonismo de técnicas também é evidente. A ativação de alguns neurocircuitos pelos psicofármacos poderiam fortalecer aspectos da personalidade que estariam sendo tratados nas sessões psicoterápicas. Por exemplo, estabilizando o humor e reduzindo a ansiedade de um paciente com o uso de um antidepressivo, pode-se estar também "estabilizando" ou até mesmo reforçando mecanismos de defesa psíquicos disfuncionais (narcisistas ou dependentes, por exemplo) que estavam sendo trabalhados no processo psicoterápico, e cujas modificações trariam melhorias no funcionamento e relacionamentos do indivíduo em longo prazo. Nesse caso, a modificação, redução da dose ou parada da medicação pode ser importante, desde que não ofereça riscos ao paciente (piora significativa dos sintomas, como angústia e lentificação psicomotora ou ideação suicida, entre outros).

Da mesma forma, uma abordagem psicoterápica pode estar "fragilizando" o indivíduo ao trabalhar sobre os mecanismos psíquicos de defesa, inibindo ou reduzindo o efeito de medicamentos antidepressivos. Nesta situação, a modificação da abordagem psicoterápica pode ser recomendada ou o número de sessões pode ser reduzido. A suspensão da psicoterapia deve ser mais bem avaliada e, em geral, não é recomendada até que se tenha certeza dos benefícios dessa atitude.

Em resumo, em caso de antagonismo entre antidepressivos e psicoterapias, um ponto de equilíbrio entre as duas técnicas deve ser encontrado, levando-se em conta a preferência do paciente, histórico prévio de resposta a tratamentos, histórico familiar de respostas a tratamentos prévios e o estabelecimento adequado de riscos e benefícios para aquele indivíduo, naquele momento. A modificação do antidepressivo ou da técnica psicoterápica pode ser recomendada, mas só deve ser levada em consideração com a concordância do paciente, médico e terapeuta envolvidos no tratamento.

Atuações paralelas de psicofármacos e psicoterapias

Nesta situação, nem o antidepressivo terá interferência no processo psicoterápico, nem a psicoterapia oferece influência na atuação do psicofármaco. Levando-se em conta que ambas as técnicas atuam no mesmo sistema nervoso central, é opinião destes autores que não parece possível que a utilização de uma pode ocorrer de modo completamente independente dos efeitos da outra. Ainda que os antidepressivos atuassem em estruturas cerebrais totalmente diversas daquelas onde atuam as psicoterapias, os milhões de interconexões (neurocircuitos) entre as estruturas cerebrais acabariam, mais cedo ou mais tarde, por confundir os efeitos das distintas técnicas. Ou seja, mesmo que não houvesse agonismo ou antagonismo propriamente dito, teríamos efeitos "potencializadores" ou "inibidores" de uma técnica sobre a outra (*Figura 1*).

Vantagens e desvantagens do tratamento combinado

Alguns estudos têm evidenciado que, em pacientes deprimidos, antidepressivos e psicoterapias têm eficácia similar. Certas intervenções psicoterápicas estão bem estabelecidas para o tratamento da depressão, como: Terapia Comportamental, Terapia Cognitiva-Comportamental e Terapia Interpessoal. A *Agency for Health Care Policy and Research* (Depression Guideline Panel, 1993), em 1993, concluiu que a Terapia Cognitiva, Terapia Comportamental e Terapia Interpessoal foram eficazes em pacientes com depressão maior em 46, 55 e 52 %, respectivamente. Em relação a duração do tratamento psicoterápico, existem poucos dados. Na maioria dos ensaios, o tempo previsto para a Terapia Cognitivo Comportamental foi de 12 sessões em freqüência semanal, e para Terapia Interpessoal de 16-20 sessões, também semanalmente. A Terapia de Resolução de Problemas tem sido efetiva em 6 a 8 sessões. Entretanto, de modo geral, o início dos efeitos antidepressivos das psicoterapias é mais demorado do que o início do efeito dos antidepressivos.

Pacientes que respondem à Terapia Cognitiva parecem ter os benefícios sustentados por períodos de tempo semelhantes aos antidepressivos após o término do tratamento. O risco de recaídas após um ano de descontinuação da Terapia Cognitiva foi similar ao dos pacientes que mantém a farmacoterapia: 31 e 47 %, respectivamente. O benefício da combinação do tratamento medicamentoso com psicoterapia é mais bem estabelecido em depressões severas, recorrentes e crônicas (Jindal & Thase, 2003). Um estudo randomizado que avaliou pacientes com depressão maior evidenciou que o tratamento combinado de antidepressivo com psicoterapia breve foi mais aceitável para os pacientes e apresentou uma diminuição significativa de abandonos. O tratamento combinado também demonstrou taxas de remissão significativamente maior do que apenas o tratamento com antidepressivo (De Jonghe, Koal, & Van Aalst, et al., 2001). Dois ensaios controlados e randomizados publicaram sobre o tratamento combinado para pacientes depressivos crônicos (distímicos) ambulatoriais: a) Ravindran e colegas, em um estudo com 97 pacientes distímicos, mostrou que não houve benefício aditivo entre a combinação de terapia cognitiva-comportamental (TCC) e sertralina. O grupo da TCC não foi mais efetivo que o grupo que recebeu placebo (Ravindran, Anisman, & Merali, et al., 1999); b) Browne e colaboradores (2002) conduziram um ensaio randomizado com 70 pacientes com distimia, os quais foram divididos em três grupos: um que realizou apenas Terapia Interpessoal, um que utilizou apenas sertralina, e um que combinou sertralina e Terapia Interpessoal. Embora todas as modalidades de tratamento tenham sido razoavelmente efetivas por mais de dois anos, o grupo que utilizou apenas sertralina e o grupo que combinou o tratamento farmacológico com a Terapia Interpessoal foram mais efetivos que apenas o grupo que realizou Terapia Interpessoal, evidenciando que a Distimia merece uma atenção diferenciada no que diz respeito ao tratamento com antidepressivos, não devendo ser tratada apenas com psicoterapia.

O custo do tratamento combinado da depressão, à primeira vista pode parecer ser muito dispendioso, mas isso só ocorre quando se leva em consideração os custos diretos do tratamento (preço do antidepressivo + preço da psicoterapia). Contudo, ao se levar em conta: 1) a maior eficácia; 2) maior rapidez do início dos efeitos terapêuticos; 3) maior aceitabilidade de efeitos colaterais dos antidepressivos ou das psicoterapias; e 4) maior durabilidade do efeito do tratamento, especialmente em quadros recorrentes, os custos indiretos (menor tempo de afastamento do trabalho, do convívio familiar e do convívio social; melhor desempenho escolar e profissional; não necessidade de cuidadores, que muitas vezes também precisa se afastar do trabalho; redução no número de internações hospitalares ou de consultas em outros recursos da área de saúde, bem como do uso de serviços sociais; redução do número de suicídios e de tentativas de suicídio, com suas consequências físicas e psicológicas aos pacientes sobreviventes e/ou familiares) reduzem consideravelmente os valores do tratamento. Mais caro é, certamente, a monoterapia parcialmente eficaz ou ineficaz (Browne, Steiner, & Roberts, et al., 2002).

Como proceder a relação entre o trio: psiquiatra, psicólogo e paciente?

A atuação em co-terapia, ou seja, quando o paciente deprimido está em atendimento por dois profissionais diferentes, em geral um psiquiatra e um psicólogo, requer algumas considerações importantes. Sentimentos intensos em relação aos pacientes e aos co-terapeutas devem ser considerados como material útil na resolução desses problemas, e não serem encarados como reações proibidas que devam ser escondidas dos colegas de co-terapia. A definição dos papéis da co-terapia (por exemplo, o psiquiatra como médico, responsável por aspectos clínicos e pelas medicações e o psicólogo, pelos aspectos emocionais e de relações interpessoais), deve ser estabelecida já pelo profissional que encaminha ao outro. Quando houver uma interface dos temas discutidos nas sessões (o psicólogo preocupado como os efeitos colaterais dos antidepressivos, ou o psiquiatra preocupado com os efeitos colaterais da psicoterapia, por exemplo), os profissionais devem trocar essas informações entre si, anunciando ao paciente que esse é um tema do outro profissional, mas que pode estar atrapalhando em sua atuação profissional, solicitando ao paciente que discuta com o outro profissional sobre o que foi conversado. Deve anunciar também ao paciente que ambos profissionais farão contato para dirimir o problema. Os modelos de atendimento também devem ser explicitados, pois enquanto o psiquiatra faz atendimento clínico, não necessita, por exemplo, de ferramentas usuais em processos psicoterápicos, como a neutralidade. Se o psicólogo assumiu com o paciente o acordo de só falar com os familiares com a concordância do paciente, por exemplo, não significa que o psiquiatra que presta atendimento clínico também deva fazê-lo, embora isso fosse o ideal. O psiquiatra, em alguns casos, pode ser encarado como se fosse qualquer outro médico especialista, enquanto o psicólogo deve ser encarado como o profissional central no tratamento. Em outros casos, esses papéis podem estar alternados. O modelo de atendimento ficará já evidente pelos diferentes *settings*. Por exemplo, no atendimento a crianças, o psicólogo poderá (ou deverá) utilizar-se de procedimentos e ferramentas lúdicas em um ambiente próprio para a idade, enquanto o psiquiatra não precisará necessariamente atuar da mesma forma; enquanto o psicólogo tenta trabalhar individualmente com a criança, o psiquiatra clínico poderá atender a criança em conjunto com os pais. O tempo das consultas dos diferentes profissionais deve ser avaliado, não necessariamente devendo ser o mesmo: a psicoterapia tomando cerca de uma hora não implica necessariamente que o atendimento clínico deva ter essa duração. A conduta deve ser transparente e verdadeira para com o paciente e para com o co-terapeuta.

Definição de papéis psicológicos na co-terapia

Em algumas situações, os sentimentos contra-transferenciais dos co-terapeutas, serão diferentes (exemplo: um percebendo afeto e outro a raiva), pois o paciente poderá estar definindo papéis transferenciais a cada um de modo diverso. Se o psiquiatra for do sexo masculino, poderá estar percebendo sentimentos transferenciais paternos, enquanto a psicóloga do sexo feminino estará percebendo sentimentos transferenciais maternos. Essa situação deve ser entendida e até mesmo ser utilizada como ferramenta psicoterápica, desde que haja combinação entre os profissionais, que devem ter experiência suficiente para trabalhar nessas condições, pois há risco de incentivar-se a dissociação.

Honorários

Em trabalhos de co-terapia, o ideal é que ambos profissionais cobrem o mesmo valor ou aproximadamente o mesmo para evitar dissociação óbvia. Apesar dessa recomendação, atenção deve ser dada a fatores como: freqüência das consultas (se o paciente deprimido vai ao psiquiatra uma vez ao mês para controlar as doses dos antidepressivos e vai ao psicólogo duas vezes por semana, por exemplo, as diferenças nos valores parecem necessárias), experiência do profissional (um profissional de longa data não precisa baixar seus valores àqueles de um iniciante), localidades de atendimentos (um paciente deprimido que faz atendimento psicológico em sua cidade de origem que tem custo de vida menor, provavelmente não pagará o mesmo valor ao consultar um psiquiatra que reside na capital, onde o custo de vida e da consulta devem ser proporcionalmente maiores). Recomenda-se que cada profissional tenha um rol de profissionais em quem confia e que cobrem valores diferentes para cada situação econômica de paciente.

Conclusão

Há evidências na literatura de que o tratamento combinado de antidepressivos e técnicas psicoterápicas parece mais eficaz do que os tratamentos independentes, especialmente se revisarmos o racional neurobiológico disponível. As dificuldades de concordância de resultados de alguns estudos nesse sentido podem se dever ao fato de que os estudos que comparam o tratamento com antidepressivos e de psicoterapia + antidepressivos ainda sejam escassos e não utilizem grupos controles adequados. Além disso, em geral, esses estudos consideram a depressão maior como sendo uma única doença, quando na realidade estamos diante de uma doença psicopatologicamente heterogênea. Esforços devem ser realizados no sentido de identificar quais sintomas depressivos são melhor tratados com antidepressivos, com psicoterapia ou com o tratamento combinado, proporcionando evidências de melhor prognóstico a essas três modalidades terapêuticas.

Referências

BROWNE, G., Steiner, M., & Roberts, J., et al. (2002). Sertraline and/or Interpesonal Psychotherapy for Patients with Dysthymic Disorder in Primary Care: 6-months comparison with longitudinal 2-year follow-up of effectiveness and costs. *Journal of Affective Disorders*, 68, (pp. 317-330).

CUIJPERS, P., Dekker, J., Hollon, S. D., & Andersson, G. (2009). Adding psychotherapy to pharmacotherapy in the treatment of depressive disorders in adults: a meta-analysis. *J Clin Psychiatry*, 70, (pp. 1219–1229).

DE JONGHE, F., Koal S., & Van Aalst, G., et al. (2001). Combining psychotherapy and antidepressants in the treatment of depression. *Journal of Affective Disorders*, 64, (pp. 217-229).

DEPRESSION GUIDELINE PANEL. (1993). Depression in Primary Care: Volume 1. Detection and Diagnosis. *Clinical Practice Guideline*, Number 5. Rockville, MD: U.S. Department of Health and Human Services.

FERRÃO, Y., & Menta, C. (2011). Tratamento combinado entre psicofarmacologia e psicoterapia. In: Andretta, I. & Oliveira, M. S. (Eds.). *Manual prático de terapia cognitivo-comportamental.* (Cap.13, pp.217-234). Porto Alegre: Casa do Psicólogo.

JENKINS, R., & Lewis, G., & Bebbington, P., et al. (1997) The National Psychiatric Morbidity Survey of Great Britain – initial findings from the household surveys. *Psychol Med*, 27, (pp.775-789).

JINDAL, R. D., Thase, M. E. (2003). Integrating Pshychotherapy and Pharmacotherpy to Improve outcomes among patients with mood disorders. *Psychiatric Services*, 54 (11), (pp. 1484-1490).

KESSLER, R. C., McGonagle, K. A. & Zhao, S., et al. (1994). Lifetime and 12-month prevalence of DSM-IIIR psychiatric disorders in the United States. *Arch Gen Psychiatry,* 51, (pp. 8-19).

MORRIS, D. (1997). Placebo, pain, and belief: a biocultural model. In: Harrington A, editor. *The placebo effect: an interdisciplinary exploration.* London: Harvard University Press.

RAVINDRAN, A.V., Anisman, H., & Merali, Z., et al. (1999). Treatment of primary dysthymia with group cognitive therapy and pharmacotherapy: Clinical Symptons and functional impairments. *American Journal of Psychiatry*, 156, (pp. 1608-1619).

REGIER, D. A., Narrow, W. E., & Rae, D. S. (1993). The de facto US mental and addictive disorders service system: Epidemiologic Catchment Area prospective 1 year prevalence rates of disorders and services. *Arch Gen Psychiatry,* 50, (pp. 85-94).

ROFFMAN, J., Marci, C., & Glick, D., et al. (2005). Neuroimaging and functional neuroanatomy of psychotherapy. *Psychological Medicine,* 35, (pp. 1-14).

WILHELM, S., Buhlmann, U., Toli, D., et al. (2008). Augmentation of Behavior Therapy With D-Cycloserine for Obsessive-Compulsive Disorder. *Am J Psychiatry*, 165, (pp. 335–341).

Autores

Caroline Menta

Médica psiquiatra formada pela Universidade Federal de Ciências da Saúde de Porto Alegre (UFCSPA), Hospital Materno-Infantil Presidente Vargas.

Conceição Santos Fernandes

Mestre pelo Programa de Pós-graduação em Psicologia Social da Universidade do Estado do Rio de Janeiro. Graduada no curso de Psicologia pela Universidade do Estado do Rio de Janeiro. Tem experiência clínica e formação na área de Terapia Cognitivo-Comportamental e Neuropsicologia.

Eliane Mary De Oliveira Falcone

Psicóloga formada pela Universidade Santa Úrsula (USU), mestre em Psicologia clínica pela Pontifícia Universidade Católica do Rio de Janeiro (PUC-Rio) e doutora em Psicologia Clínica pela Universidade de São Paulo (USP), com pós-doutorado em psicologia experimental pela mesma instituição. Professora adjunta do Instituto de Psicologia da Universidade do estado do Rio de Janeiro (UERJ), membro do grupo de trabalho em Relações Interpessoais e Competência Social da Associação Nacional de Pesquisa e Pós-graduação em Psicologia (ANPEPP). Ex-presidente da Sociedade Brasileira de Terapias Cognitivas (SBTC).

Helene Shinohaa

Mestre em Psicologia Clínica pela Pontifícia Universidade Católica do Rio de Janeiro. Especialista em Psicologia Clínica. Terapeuta Cognitiva. Professora Adjunta do Departamento de Psicologia da PUC-Rio e Supervisora do Serviço de Psicologia Aplicada (SPA). Coordenadora do Curso de Formação em Terapia Cognitiva com a Prof. Eliane Falcone. Membro fundador e da diretoria da ABPMC Associação Brasileira de Psicoterapia e Medicina Comportamental (1993 - 1995) e da SBTC Sociedade Brasileira de Terapias Cognitivas (2003 - 2005). Ex- tesoureira da ALAPCO Associação Latino–Americana de Psicoterapias Cognitivas (2002 - 2004). Ex-presidente da ATC-Rio Associação de Terapias Cognitivas do Estado do Rio de Janeiro, gestões 2005-2008 e 2008-2011.

Margareth da Silva Oliveira

Psicóloga formada pela Pontifícia Universidade Católica do Rio Grande do Sul (PUCRS) mestre em Psicologia Clínica pela mesma instituição, doutora em Ciências pela Universidade Federal de São

Paulo(UNIFESP), com pós-doutorado pela University of Maryland (UMBC). Professora do curso de graduação em Psicologia da PUCRS, professora e pesquisadora do Programa de Pós-graduação em Psicologia da PUCRS. Coordenadora do grupo de pesquisa em Avaliação e Atendimento em Psicologia Cognitiva do Programa de Pós-graduação em Psicologia da PUCRS. Coordenadora do cirso de especislização à distância em Psicoterapia Cognitivo-Comportamental da PUCRS, pesquisadora bolsista em produtividade em pesquisa do Conselho Nacional de Desenvolvimento Científico e Tecnológico (CNPq), sócia-fundadora da Federação Brasileira de Terapia Cognitiva (FBTC), membro do corpo edital da Revista *da FBTC*, vice-presidente da Associação Latino-Americana de Psicoterapias Cognitivas (ALAPCO, gestão de 2010-2012), secretária da Associação Brasileira de Estudos do Álcool e outras Drogas (ABEAD, gestão de 2009-2011) e presidente do Congresso da Asociación Psicologica Iberoamericana Clínica y Salud

Ygor Arzeno Ferrão

Médico Psiquiatra. Mestre em Clínica Médica/Psiquiatria pela Universidade Federal do rio grande do Sul. Doutor em Psiquiatria pela Universidade de São Paulo. Professor Adjunto em Psiquiatria pela Universidade Federal de Ciências da Saúde de Porto Alegre. Coordenador do Programa Ambulatorial de Transtornos de Ansiedade do Hospital Materno-Infantil Presidente Vargas, Porto Alegre. Membro do Consórcio Brasileiro de Pesquisa em Transtornos do Espectro Obsessivo-Compulsivo.

Impresso por :

Graphium
gráfica e editora

Tel.:11 2769-9056